W U D H B S T R A N G E W Q J Y P F J
S N X U N C O V E R E D Q E E F A K A
S T R U S T O M R U J N K E K U N D C
I R V R K W I L D E R N E S S L O F N
N F T R A I N Y X Z R V I U Z L R N X
K R Y B E N T N B X G O T X O M A G S
W R M X O C P Q D A B A C K L H M N E
N G B X N G S F X D E L A Y A I I M C
Y A F S Q B Y Y P Z M E M N C P C V N
J C R W M V C H W P S D Z X N E F L
B T P F A L H A E F I M V F X R A C E
O Z J S H O E M A R S K H O U S E Y I
D S D I U Y D M V A C F R Q N H I Q R
I B E H I Y E E P O W J T T H K N R
A E V C F Z L R L N V W A T O F V W D
M O R F T Z I Z U A E W K A K W L Q H
E X A H G W C T J T R B F E Q Z G W T
B S W H I P E A T S I R Q T M L F D I
B L Y P W Y T G U E S S L W Z Y F W I

WILDERNESS, BENT, FULL, HAMMER, ACT, ABACK,
HOUSE, RACE, WHIP, SINK, DISCOVER, TRAIN,
PSYCHEDELIC, DELAY, STRANGE, UNCOVERED, GUESS,
WEAVE, PANORAMIC, TRUST

B A T H S O A D R S V U F L J T P I J
M A K X S E C Z V N X K K B L H X N L
L P L F I E S E A B Z D P B Q O Y R X
N O S R N F X F A W D G G V L G G A L
Q S L Y G R Z J Z S H M D U H Y K S U
M E I N A J I W J N C O N S O L E U S
P N M X I Y Q L A A K O O A C L I M B
S C R K X D Y M D T S I L K N A L G G
I O L X K R B Q E C L E J T Y Y F W L
S U D Z S K C Q D H M I S L E A D V K
T R T Y K D W C P C A R S U J U X F A
I A I J Y H E G G E N L T H D K H X P
T G X V A H A C A L C U L A T I N G U
C E R M Q E R L G R O U C H Y O F V T
H X Q Q M A Y F Q T P A L I G H T A Q
F A R O C D H S B I D Z O T Q D U N Q
Z T N Q W Y J J F U J I H Z V V U I F
D H S Q G F T I U M G J R P T I S S M
T D F E L O V H I Q U O A E R F K H O

CARS, WEARY, JADED, SILK, CLIMB, SLIM, STITCH,
GROUCHY, BATH, ENCOURAGE, SING, SEA, CONSOLE,
ALIGHT, KAPUT, HEADY, MISLEAD, BID, SNATCH,
CALCULATING, VANISH

V V S C F D E T E R M I N E D A N G
M C R L O Z M A T T E N T I O N T J
P B J O B E W U K K X S F V C M E Q
X P T I L C T O X Y U Y J N W A O F
B O R S L P X J E C B C H C B J O U
O Y J T E C A F C A E S D L F X U N
W H M E Q R M P N R R T P O E T Y I
N H E R Y O E U H I A M C S P O E G
E L A E J L B W E N N Z S E L O E M
J G N D N L S B D G T X Q M R T Q F
S K A C O U S T I C I A V A A H D O
G I E X P E R T A P S K V E C B X A
W O P U Z Z L I N G V C B Y R R E M
Y M X X H R H K J X A V L W I U P Y
A B O U N D I N G Q O Y O I D S Q B
Q H D E P E N D E N T H O L T H E B
A W I D I V I S I O N K D A Z D T X
Q W N V I M A G I N E D Y T X C B T

MEAN, ACRID, BLOODY, EXUBERANT, ACOUSTIC,
CARING, PUZZLING, ROLL, IMAGINE, BOW, EXPERT,
ABOUNDING, FOAMY, CLOSE, DEPENDENT,
CLOISTERED, ATTENTION, DETERMINED,
TOOTHBRUSH, DIVISION

K K U B F X H A L T I N G N G D L N
D M C R A F P R H U S H E D G G X E
I A E U N A S P I R I N G O O T N B
F L I S C L H B L H M E R E D G U U
F E N H Y O A X W O M A N E L P T L
E N N X I H A N D S O M E L Y L Y O
R P O W E R F U L P M I R R X V A U
E S C K G L W O H I L A R I O U S S
N A E T T M I U O T C H E E R F U L
T C N B S A S T E A C O H E R E N T
B A T X B T H R G L A G I J H S Q Q
V W D G F U N A Y B D J D S L H Y W
Y K W H R R D G K W H Y I T D A E X
K H A R D E X E S O E A O O W P V E
N F B Q Z H Z O P H S I T K R E W C
O L K O N X L U A E I O I F O R C E
E L A S T I C S L Q V Z C K E O B P
J E N L I G H T E N E O V D S U Y D

GODLY, OUTRAGEOUS, MATURE, COHERENT, HARD,
HILARIOUS, ADHESIVE, MALE, PALE, FORCE,
ENLIGHTEN, RUSH, HOSPITAL, IDIOTIC, FANCY,
CHEERFUL, NEBULOUS, HUSHED, HALTING, SHAPE,
DIFFERENT, WOMAN, HANDSOMELY, POWERFUL,
INNOCENT, ASPIRING, WISH, ELASTIC, MERE

G N D C L O U D Y X R T G P P M Y G R
N L N H A L T I N G L M U T A A L M X
T Q E D I F F E R E N T I J L L W A C
L D B Z A G N J Y Q Z G T L E E R T A
W W U E L I A Q H Z X L A G V A J U G
P C L X S I T P E A C E R Q Y Z J R E
I H O K H A H O U T R A G E O U S E Y
N U U F A D O S I N S I D I O U S F W
Q B S A D B U H O V E R W R O U G H T
U B P S H U G A R N G W V H A R B O R
I Y E C E R H L E E O I H I W D H I Q
S Z G I S S T L M B E E S L R W E E P
I L C N I T L O A U F A N A T I C A L
T N C A V X E W K L U T U R N H F G V
I K P T E Q S P E O H I D I O T I C Q
V E R E K I S R G U L U B O V N R M T
E D K D F B G C L S F K V U A G S Y U
W N D B U I L D I N G G T S E C T O C
M K B W H O S P I T A B L E Y Q P A L

ADHESIVE, NEBULOUS, OVERWROUGHT, GUITAR,
BUILDING, FASCINATED, INSIDIOUS, INQUISITIVE,
HALTING, HOSPITABLE, PEACE, THOUGHTLESS,
BURST, HILARIOUS, IDIOTIC, FANATICAL, NEBULOUS,
OUTRAGEOUS, CAGEY, CLOUDY, DIFFERENT, CHUBBY,
SHALLOW, WEEP, PALE, HARBOR, REMAKE, MATURE,
MALE, FIRST

X U P G W U S M J U M M Q F F M V
U T U F O N T Y L L A N G U I D Y
N C F P Z H O F U C R Y P P A T J
H E F R Q E R T M U E U Y Y R C C
E R Y E J A E C B X A M F R V U Z
A T T V A L N U E S C M T A A N Y
L A H I E T E R R F H Y G H S N U
T I Y E Q H I V S U P E R B T A Y
H N G W C Y K E X R E W A R D T K
Y P M F A B A F T P Z J W Z D U N
H I N D E R W L R V M M L R X R O
Y O W P U D U G X C H O B A L A L
O R W E L D U Y X Z O Q W D R L N
V D C A M V B Z N B Q Y H B E N D
A X A M Q U G I M P O R T E D H E
X I G I F T E D F F V N C L U Q C
W W E F N U A M S I P Z O Q M M Z

HINDER, CERTAIN, REWARD, UNHEALTHY, GIFTED,
PUFFY, CURVE, UNNATURAL, LUMBER, REACH, BEND,
LANGUID, YUMMY, ABAFT, STORE, UNHEALTHY, VAST,
REVIEW, IMPORTED, SUPERB, PAT

I P D Z W Q M C R A Z Y N M X O S Z
J R F B A N I N S I D I O U S X F T
D E C Q N P K I S S C E K A Y W X O
Y F O V D I F F E R E N T D A R H H
D N N Q E S W X M A L E H H N D D W
S S T Y R W M T D I S C R E E T I H
H H R C I E H B L P I S G S N P F I
O A A L N E G M Y A C N O I E O K L
N L D S G T G J I S J G D V B W J A
I T I M M I N E N T D L L E U E E R
E I C S A C K M G E E A Y Q L R I I
I N T S C I P U L L P S L F O F N O
D G Y E H A M E R E T S B X U U N U
I C O E U S F K D R U N K V S L O S
O L W K Z I P P Y O I U S X R K C H
T A Q Y V K U L R S M I L E T U E V
I E X B Z C Q T V C S D J D V T N H
C S A D E I K Z U N G H A X H O T T

IDIOTIC, IMMINENT, SAD, DISCREET, ZIPPY, CRAZY,
LYING, POWERFUL, GLASS, DRUNK, INNOCENT,
NEBULOUS, HALTING, GODLY, SMILE, ADHESIVE,
MALE, SWEET, INSIDIOUS, HILARIOUS, KISS,
CONTRADICT, PULL, SEEK, WANDERING, DIFFERENT,
SACK, MERE, PASTE

W L U O N X A D I M P R O V E A Q V X
A A G J E V V I I N Q U I S I T I V E
I S A D B K A S D F Q G A X E H J P H
T A H N U N I C W D M T V O C F I L L
I R K X L H L R D L Q F U Y H F J E B
N P Z B O G A E S W W A S M N F R B P
G S B C U V B E E L A S T I C H G W F
V P K A S A L T V K M C R C H U B B Y
P A R A L L E L G F M I A G W N B S Y
C A G E Y U U J A I O N N X I U X T S
N C C Y V A D R Y R L A G T N M C F G
J Y L L M B Q U V S D T E S S B S C R
P B O L G L I A Q T C E T C I E A O A
G Q U O O E D D W N A D N A D R M A N
E I D I N N O C E N T R S R I L T T D
Z B Y V S E C O N D S W G E O E X Z I
Y T H A N K F U L I J K H D U S Y O O
W M H I L A R I O U S X I B S S J A S
E J F H I G H F A L U T I N Z J W G E

SAD, GRANDIOSE, THANKFUL, HILARIOUS, VALUABLE,
CATS, PARALLEL, INSIDIOUS, STRANGE, FILL, ELASTIC,
WAITING, SCARED, CLOUDY, DISCREET, FASCINATED,
NEBULOUS, IMPROVE, INQUISITIVE, COAT, FIRST,
AVAILABLE, INNOCENT, SECOND, CHUBBY,
NUMBERLESS, DRY, HIGHFALUTIN, CAGEY

O D O T H S S X X Y M G V Q U T X
W T R V G H H P X D X G X R M Z C
J T E D E E O P R E T T Y S F M A
Y A F C N Z O C A R E S S T B F M
Z J D E T N T M Q C W P W R T A P
E Y J Y L U A E L I T E V A P U X
W B F H E N T D V F S R C N E C C
D E F E C T I V E L X I B G N E W
K E T R E M B L E X I O U E E T K
I B V F T D L A H T X D O R E R M
E W Z I K E E C A N Y I C G D P I
L H G X Z C P E L A M C P L Y C M
I B U V T R Y X F Y A Q M I Q S V
V L A E M E G F A N R Z W Y K Y R
E G R R G A S O E D R K N S U C K
L L D X Y S B E A I Y I S M O K E
Y C Y W L E J S A D V I C E M Y Y

FAUCET, MARRY, GUARD, PERIODIC, SHOOT, CARESS,
CAMP, GENTLE, PRETTY, DEFECTIVE, LIVELY,
DECREASE, ELITE, HALF, TREMBLE, ADVICE, FAN,
STRANGER, NEEDY, SMOKE, SUCK

O U P W O D Q R S W S G S N A I L G
Y K P T E I C C T A B T G E N J C O
O Z J A F I G U R W A K E T B Q O V
Z I S W B T M C A U X N U K U Z M E
L U F Y I U D M I B L G X M W J I R
P W M L E W H T G E A S C O M G N N
S I M P L E X V H L F S N S N R P N
T C P O L I T E T I O E D U A F W
Z C C D M D C O J E B L E G C E N M
X J A E J D C B C V A F A G T S Y P
I K M C P V L P S E V I L E I O T S
Q B P I O W Y R F V E S E S O M M V
S U B S U E R D Y K S H L T N E D T
C V V I L E I X M E A T Y I K N N T
A B N O T P C V F I R I Y O T H U G
R X I N R Y A B U Z L E Q N S C A M
Y U H X A O L O V G P H Z G J Q J M
W I S H N K O R C E G Q P S G C N L

SCAM, BELIEVE, GOVERN, ULTRA, SUGGESTION, WEEP,
WAKE, WISH, CAMP, SIMPLE, POLITE, SNAIL, LYRICAL,
SCARY, SELFISH, ACTION, STRAIGHT, GRUESOME,
DECISION, MEATY, DEAL

C Z W S Z X B G J V U I R I Q Q O
H S J T C T O J A J U P S E T P C
V G P R H D W M G I F K F C F S Z
A H J O A G Y A K D F R Z P E O Q
G P N N I C W S O I E Q U I E T D
I C A G R A D S Y S W G Z R H C P
V S C H P L Z I Z T C N V A O O V
T C S N O C X V O U X F A N N P W
A E S A U U X E R R I M Y G E P A
P L U I K L Q Z I B I I H E Y E P
I E M B Q A X I M M O L A T E R O
Q R M C R T M B M B U R X O W U O
U Y O A S E C P U N G P X P M O R
A H N O S W M M R I X R A Z I B Z
N D L X P T E N G T X D R Y O H V
T C L S T A Y E E S J C W Z Z Z C
K D F E L B Q K Z R Z X H V M A S

QUIET, CELERY, BOW, IMMOLATE, UPSET, FEW, POOR, PIQUANT, STAY, CHAIR, CALCULATE, COPPER, DISTURB, SUMMON, MASSIVE, DRY, FAN, URGE, RANGE, HONEY, STRONG

I B P V A G Z O M O C E A N I C I
F R M V F L A B O R E D R Z G Z C
K E C J H B R A Y C X S E P A N D
T A Y F K I S S R J S Z C W U O P
K D K F O C H I U S O R D I D T A
S U P E R O I L N I V W I N V I X
H O U R G N N K I H A U M F T F N
D P Z A U T S Y L S S N I E Y Y J
G V P B E E T L E G T N N R Z S Y
E K E O Q M A V I R N A I E N E W
O P X F Z N L L N B G T S X N H R
J V W A J F L C G U P U H R E Y X
Z E M S S G I V Y R R R N U P Q J
A A Z T I A I T N S D A P B M F A
R G U F I N I S H T Y L C I E S U
V J Y U X T J S D R M O W S J X N
F I S H R K K G R G E L F A U V A

OCEANIC, KISS, BRAY, FAST, BURST, BEETLE, FINISH, SILKY, VAST, INSTALL, FISH, LABORED, BREAD, SUPER, CONTEMN, SORDID, NEW, UNNATURAL, HOUR, NOTIFY, DIMINISH

R I W F Z I M P L K C T N R I H M L
A X G M R W W A T Q S I A K W X D E
R T A G T T H N F D T K O S U F O M
O N U T O U T J R Q P Y V Q F U Z P
P X F M R K Z W I Z U V E T J H T E
P M E N X L C F G D M O U N T A I N
R A L H Z X O W H M P H Y A Z Y Q B
E C I G S A M T T S E L P L A N U Q
S A G O U B P E E M D E H E E O I P
S B H V G R E E N B E R E A V E Z I
H R T E A U L M U Q H Y E Z R A Z E
U E H R R P J P C O N T E M N O I V
W E H N O T D O A T T R A C T G C Q
F D I M P T F W U Q C W D E G C A G
J I S E H Z U E F L O W E R Y R L Y
A R R N K H D R F L U T T E R I N G
V K C T C S T R E E T O E U S S C V
O D U V O P B E L L S V X H P M D Y

STREET, COMPEL, LIGHT, BEREAVE, EMPOWER,
PUMPED, QUIZZICAL, ABRUPT, FLUTTERING,
MOUNTAIN, ATTRACT, OPPRESS, CONTEMN, MACABRE,
PLAN, SUGAR, BELLS, NUT, FLOWERY, FRIGHTEN,
GOVERNMENT

M D C O W S J U A X N U I O S R N E
O H I F R B T D E A L I V E I L H A
L W A T I M P O L I T E F S O S L B
A Z O V E R J O Y E D O U C A V R F
A S H O L I D A Y Z T U D N M A Q Q
Q N Z E P S B T F M C G N V X S C T
J A D C U T K A W F Z V V L K E H P
E K L R F U O L L L M I X E D D J F
S E O O F P R E T A E T D W M K G H
B S E W Y E K N V S T B F V O M A A
N Y S N D N O T K H P U P J T A M Q
I A F G P D K E U Y S S C A I Y E U
P Q A D D O H D C M A T I Y O F T N
D I Q Q T U H G W S O U P P N F M I
L E W Y W S W I S T F U L T L R O T
P K G H P O I N T Z B J P B E I I Y
S C G I Z X L W E V E O P C S D Q Q
T R L Y N U R S E V L X E Z S Z Z I

CROWN, HOLIDAY, MIXED, ALIVE, NURSE,
STUPENDOUS, WISTFUL, SNAKES, UNIT, BUST, VASE,
POINT, IMPOLITE, ADD, COWS, MOTIONLESS, SOUP,
OVERJOYED, TALENTED, FLASHY, PUFFY

N O V Z F D F U S L I P W B L M Z
E P E R S O N R J I U E A I Y C V
C F I N S P E C T M Z D K H F Y C
K B I L I L N V G M C L E A N Q Z
A P Z B L Y F H H U Y I F B E S T
Q J A Q K B U C L R L D U F X U D
E M J G P O R G P E L G L P Y P D
W C U V S C N D E R O T T E N E Y
H J W F Q L I N I P P Y L M H R O
B D C Z O M T F R E Q U E N T B A
R E U S G B U S H A N D S O M E U
Q R T D Q G R A I N H V U I O T C
I W E K H O E M D I Y H P L L G E
R B V G D I Q P A W E H Y Q D Q R
D V S A C O Q L F D B O U N C Y A
E D Q F F W Z E F A J U D Y I Z U
W S G J G C L N Y O H N S M A S H

ROTTEN, BEST, HANDSOME, BOUNCY, CUTE,
FREQUENT, PERSON, SILK, SLIP, FURNITURE,
WAKEFUL, INSPECT, DAFFY, NIPPY, IMMURE, SMASH,
NECK, SUPERB, OLD, CLEAN, SAMPLE

L S V U N G G M S T I N G Y N V H
H S L E V A S E I Z E C V U B J B
A W B D F P M J S A T I S F Y G E
I C O M F O R T F T U Y Z C K T S
Q W R E D U C A T I O N I T G H F
D L A Q R F D R A X I O M A T I C
Q Z K P I K E U F D S D E E P O U
L C Q A L R T F E G I U P B E A T
E H U A L Q S F E T S M E V U S G
A A I R O N V M L Q T M H C J T T
S L S P I D S E I E E R Q A C A P
Y L G R O U N D N Q R E W U L K P
S E G L M G E Y G S F P O T U I J
G N A D D I C T E D E L J I B N K
J G G U X O B L I G E A P O Z G O
K E A U T O M A T I C C D U E B C
O P E R A T I O N J S E E S L P V

DRILL, AXIOMATIC, SISTER, STINGY, STAKING, UPBEAT,
COMFORT, IRON, CLUB, OBLIGE, CAUTIOUS, REPLACE,
SEIZE, CHALLENGE, FEELING, OPERATION, GROUND,
ADDICTED, AUTOMATIC, DEEP, EASY, SATISFY,
EDUCATION

H U X H B H S B U Z Z N X L R K W
F A W F U L I Y I N Y O Y D P J T
S S J G M B L Z D E E P L Y F I O
C E S P U J V Y B R L V A Q A M I
Y C N W D T E M G A O V B T H A T
M R L U D M R A X S T R A N G E R
B E Y E L L F M H I S T O R Y W H
D T Z X E S I M I E U D Z C B P H
J A S P D A P O H W F S G E I H B
H R M E I N W T C G F T U N R Q O
Y Y E N P D R H D I V E N D D K U
V V L S O Q C W J V O P O O H Q N
Z Y L I W C R A B B Y E A R M J D
D D Y V F V K Z R S C R L S Z B L
K Z N E W B G Z L M O E O E C Z E
P U N K E M P T S G O J A O N Z S
K G T Y B T H Y M J L Q F E K E S

DEEPLY, HISTORY, SILVER, LOAF, CRABBY, SMELLY,
ENDORSE, SECRETARY, MUDDLED, MAMMOTH,
UNKEMPT, AWFUL, BUZZ, STRANGER, SAND, DIVE,
BIRD, BOUNDLESS, STEP, EXPENSIVE, COOL

Y F K C P Y N G A C T N Z R A B D E O
T E I U P E R S U A D E W U P V F X Y
T A U N A R M E D Y Z Y M S Z F U Q N
I T V R A M W Z M J L O P H L L T Z U
W H R G Z W H W O R R Y E B K A U O M
J E X Q E I N G D J H U X K Y M R W H
M R C A O S W I N G N R P Z S E I A R
S A C O P Y E C V A S W L B S H S N E
Y C O N S I G N G T B U A U S J T T A
R D U F D O M I N E E R I N G M I I L
W Z T O J N P A T C H K N Z G F C N S
P O R B R O A D C A S T U Q C E B G S
Y I A J B L A T P K Y W X A J R C Z T
B J G D G J P Y C U N H E A L T H Y P
B L E U V D L H J C P S P A S T V Y W
E X O R A S W S E B L D Q Z T E S T U
C M U S G J A G T H A F F C H S F T N
M X S I U D O E X D N D V Y V U Y T H
M R H X E P R O C T T I L T U R V G S

DOMINEERING, UNARMED, UNHEALTHY, SWING,
WANTING, PATCH, CONSIGN, FLAME, FEATHER, PAST,
OUTRAGEOUS, SIX, RUSH, FUTURISTIC, VAGUE,
WORRY, EXPLAIN, TEST, COPY, PLANT, PERSUADE,
BROADCAST, REAL

K K G Q G N A B I T E - S I Z E D N J
K L M S F U T U R I S T I C Q X D J F
O Y U A R T J P R O T E C T U P F V Z
K J S D G R E F C I Q D R X B O A S T
I D I V E I G L O J H R I Y X B Q A R
N G C I R T O O I Q T A N T U R K E Y
T C A N M I M O A I Q I G Y O D V A R
E T V S X O Z R W P P N F J P E H G Z
R S F C P U A N I M A L H H E T T R H
E Y B R P S R N V R S A V O R A E E I
S Y D I S C O V E R Y R M A A C R E G
T T D B L W Y L N C J E K N T H R A H
I C T E D V E X P L A I N S I L I B F
N J M M A L I C I O U S F G O I F L A
G R X W R M H M W C R E D A N A Y E L
R I X C K L G Q T K R P O N D E R Z U
C N G R O M A N T I C B D T Y Y M S T
A G P H G Z O V E R T A K E A T W Q I
O C V P B S F F E C H E R R Y A H L N

SAVOR, DISCOVERY, DETACH, DIVE, MUSIC, RING,
CLOCK, MALICIOUS, NUTRITIOUS, CHERRY, INSCRIBE,
BOAST, FUTURISTIC, ANIMAL, PROTECT, INTERESTING,
TERRIFY, DRAIN, RED, OVERTAKE, OPERATION,
FLOOR, HIGHFALUTIN, RING, AGREEABLE, BITE-SIZED,
TURKEY, PONDER, ROMANTIC, EXPLAIN

```
D I F F E R E N T B E R G J M V D Y R
J O E P B A D F G N T J T M E R E D G
O U E G P C R A E N C E P U D U Y L R
H C E K D A H S N P H C O M M O N Q O
I B W N T L A C E G A W W X L F N X X
L K A O W C N I R R L I E S Y T P G G
A F I T K U M N A O T A R C I C A P H
R I T T C L A A L O I M F A N L V K A
I R I Y L A L T G V N F U R G O A X D
O S N Y Y T E E R Y G H L E T U I D C
U T G D U I O D Z Y A A R D W D L K O
S L K D C N D R U N K N U V S Y A A S
M A P H H G A E K P R D S L I J B D T
D I S G U S T E D R P S X J U K L H R
I Q L S B C U J N Y E O K Z O R E E A
P O O S B Z N X A R O M A T I C V S N
R T R J J T J M Y W E B L P L D I G
I E T C S V K B A D D L Q L C N R V E
H E D I S C R E E T G Y R N B F T E L
```

MERE, CLOUDY, DISGUSTED, BAD, ADHESIVE,
AVAILABLE, FASCINATED, STRANGE, CALCULATING,
GROOVY, POWERFUL, HILARIOUS, HANDSOMELY,
CHUBBY, FIRST, GENERAL, DISCREET, DRUNK,
HALTING, AROMATIC, DIFFERENT, LYING, WAITING,
MALE, SCARED, COMMON, KNOTTY

N C A Q P X O R K A V A I L A B L E Y
E H D R Y I K M G K C R D I N V P T L
B U Z W S B E K G D R U N K V X K Q C
U B U H E K H V G H H P K B G T U I O
L B G O C T H A N D S O M E L Y T N I
O Y V F O H I G H F A L U T I N C Q D
U T U V N Q P U X O Y W G A X B A U I
S T C I D K H G O D L Y U Y E T L I O
O U T R A G E O U S D A L J M H C S T
E B A S P I R I N G I R L N A L U I I
D I S C R E E T I R S O I P L P L T C
H I L A R I O U S A G M B A E B A I S
P T G G F V D D T N U A L L S E T V S
Z Z X E G L S A D D S T E E R L I E Z
Z N M Y K B M W A I T I N G K A N B C
D I F F E R E N T O E C N D I S G B U
S T R A N G E C K S D S S F M T A G O
M A T U R E M E S E J E H O Y I Z W O
F K M D T W S C A R E D J P C C X B A

MALE, DRY, ELASTIC, WAITING, HIGHFALUTIN,
GULLIBLE, DRUNK, DISGUSTED, OUTRAGEOUS, GODLY,
CHUBBY, PALE, AVAILABLE, HILARIOUS,
CALCULATING, STRANGE, NEBULOUS, GRANDIOSE,
SCARED, DISCREET, SAD, ASPIRING, IDIOTIC, MATURE,
INQUISITIVE, CAGEY, AROMATIC, SECOND,
HANDSOMELY, DIFFERENT

Z W L O S T R A N G E R G G M F Y S D
G S C A R E D S E M B L R X O O O Y J
U X I B P B U A L D Q W A W Y F J C Q
L S N H O Q R D A T C H N R U G N C X
L E S A W S D L S W W I D B G M E R E
I C I L E W I Y T Z K D I G R Z F N T
B O D T R A S I I R J E O H H N W L N
L N I I F I C X C I M O S G F M C Y G
E D O N U T R J D V R U E C H U B B Y
Z C U G L I E I P B L S J Z D W A N D
R M S E N N E N N E B U L O U S V M I
K N A R G G T I D I O T I C O L A K F
Z N T H A N K F U L U V G A E Y I X F
I N N O C E N T D D S G G G W I L A E
H A D H E S I V E R G C T E D N A I R
D I S G U S T E D Y S P O Y R G B C E
H I G H F A L U T I N K I P D W L A N
X H I L A R I O U S B D S O N H E U T
M A V X T I G Z W O Z R B E P A L E I

LYING, STRANGE, HALTING, SAD, HIDEOUS,
THANKFUL, DISCREET, NEBULOUS, DRY, PALE,
GRANDIOSE, POWERFUL, CHUBBY, SECOND, WAITING,
HILARIOUS, MERE, DISGUSTED, CAGEY, SCARED,
HIGHFALUTIN, AVAILABLE, ELASTIC, GULLIBLE,
ADHESIVE, IDIOTIC, INSIDIOUS, DIFFERENT,
INNOCENT

F N E B U L O U S Q D E Q G D D C P H
X T S Z O Q Q C P S R K B I I I P P I
K I M A J T F K A A U B N M D F B B G
K R W V M P L H L D N O K S P F S J H
Z V X O H W Y K E A K D K C Q E D E F
Y W W A J D I S G U S T E D M R D V A
M V F R B I N Q U I S I T I V E P H L
G T D O D V G O F M A S H N F N O M U
R M I M R P N V H T F T F S J T W E T
A G S A Y G O D L Y E R C I N T E R I
N Q C T F M A T U R E A H D A Q R E N
D I R I C L O U D Y H N U I D L F C Q
I E E C L I V V T O V G B O H R U J E
O L E I N N O C E N T E B U E E L C O
S A T H A N D S O M E L Y S S W C M C
E S A Q W T H A N K F U L O I W G Z U
I T H R W E Y H S G V P I F V A H H P
E I J G F E R K Q C A G E Y E P L Z P
K C T J C U Y D O O Q J T E S I R A Q

AROMATIC, DIFFERENT, MERE, DISCREET,
HIGHFALUTIN, NEBULOUS, INSIDIOUS, ADHESIVE,
DISGUSTED, HANDSOMELY, STRANGE, MATURE,
POWERFUL, PALE, ELASTIC, THANKFUL, DRY, GODLY,
GRANDIOSE, LYING, INQUISITIVE, CAGEY, CHUBBY,
CLOUDY, DRUNK, INNOCENT, SAD

J A G S N E C W C L F S T F V E R C M
J F S C L O U D Y A D E E X B L R T M
L J T O B L K P D R Y A H K P A I H G
O N A D H E S I V E C V K D W S F A R
W V K T E J Y C M S H A C I G T A N K
C E G D J H C A E T U I H S R I S K N
X J P L Y I N G K R B L I G A C C F Q
I D I O T I C K I A B A D U N Y I U S
N E B U L O U S N N Y B E S D P N L E
L H P A O D I O N G Y L O T I B A Q C
R A C S U I Y M O E J E U E O Y T N O
E N O Y T S N A C S A D S D S K E A N
R D M S R C M T E J P U N E E R D S D
F S M C A R E U N I N S I D I O U S R
Z O O A G E R R T Z G F B L H R S O A
T M N R E E E M F I R S T U G S W V
E E V E O T U H I L A R I O U S V X A
R L T D U Q B V W C C J S E J K P E J
Z Y G W S K T H I G H F A L U T I N S

CHUBBY, INNOCENT, SCARED, SECOND, NEBULOUS,
COMMON, CLOUDY, INSIDIOUS, DISGUSTED,
OUTRAGEOUS, SAD, DRY, LYING, HANDSOMELY,
HILARIOUS, HIDEOUS, STRANGE, GRANDIOSE, IDIOTIC,
AVAILABLE, DISCREET, FIRST, ADHESIVE, MATURE,
THANKFUL, ELASTIC, FASCINATED, MERE,
HIGHFALUTIN

```
M A T U R E K F O W L A Q U J U Z G U
L S C A R E D Y C X D U Z X R C H U A
V H X H I G H F A L U T I N J Y K L S
Y R X Z B B M M G H A N D S O M E L Y
Z T Z Z G K M H E G R A N D I O S E Z
A H X V U A J X Y J W A I T I N G W W
F A N A X A C C A L C U L A T I N G K
A N I D K S X A N E B U L O U S A S M
N K N U A S P I R I N G J W P L V I R
E F S D I S C R E E T A Q T O I A N B
H U I S A D C M V Z P X Z A W N I Q T
S L D D I S G U S T E D C Y E N L U F
T Y I H I D E O U S O I P J R O A I B
R N O F I R S T G M L L A U F C B S D
A H U D I F F E R E N T L L U E L I A
N M S G O D L Y O R M G E M L N E T P
G U L L I B L E U E A S F R F T O I Z
E J G B E G R Q H I L A R I O U S V M
V N I D I O T I C F E B C U Z G W E O
```

CALCULATING, PALE, IDIOTIC, MATURE, MERE,
WAITING, HILARIOUS, SCARED, GODLY, STRANGE,
MALE, INNOCENT, DISGUSTED, NEBULOUS, CAGEY,
DISCREET, HIDEOUS, HIGHFALUTIN, AVAILABLE,
THANKFUL, INSIDIOUS, FIRST, HANDSOMELY,
GULLIBLE, SAD, INQUISITIVE, POWERFUL, DIFFERENT,
ASPIRING, GRANDIOSE

N S J Z H C N H I G H F A L U T I N A
F S G J I N E B U L O U S T B G D D T
O I S Z D R E T H A N K F U L M G F D
R N A I E M S T R A N G E X Z I Y P I
S B G J O A V P C H A L T I N G V N S
C A L C U L A T I N G Y W X A B O T C
L Y I L S E I D I O T I C G D K O R R
F A S C I N A T E D I N B R H L Z I E
V S S U V J J U W H E G Q A E H C N E
O C D I F F E R E N T D S N S A V Q T
J A C J L F I R S T L H C D I N D U P
B R A H I L A R I O U S H I V D R I D
B E S S C W A I T I N G U O E S U S T
C D P E V S I L V R U N B S N O N I P
L G I C G U L L I B L E B E B M K T D
O C R O Q C A U G S A D Y T J E O I G
U D I N X L W M J A A Q Y F R L L V B
D Y N D B L C H R K O F C H V Y Q E K
Y M G Y J Q H E U K R M C I T H T R K

LYING, DIFFERENT, DRUNK, SCARED, HILARIOUS,
FASCINATED, GULLIBLE, FIRST, ADHESIVE,
GRANDIOSE, CALCULATING, HIGHFALUTIN, CLOUDY,
THANKFUL, DISCREET, CHUBBY, SECOND, INQUISITIVE,
HANDSOMELY, ASPIRING, HIDEOUS, NEBULOUS,
HALTING, SAD, STRANGE, WAITING, MALE, IDIOTIC

A Z G W V C S G O D L Y Q C F L T Z N
J H F A R A A C G U L L I B L E P H S
P D S I I V D G R A N D I O S E J D U
A I P T B A K Z K B I N S I D I O U S
S F O I E I N Q U I S I T I V E M A F
P F W N G L D I S C R E E T F P S J H
I E E G L A C A L C U L A T I N G B I
R R R J M B H I G H F A L U T I N J D
I E F E A L M E R E I O W P V S L R E
N N U O L E M X H A N D S O M E L Y O
G T L Y E U Y N D E I N N O C E N T U
A L A W C E T H U S C A R E D O S H S
F A D H E S I V E E B M R C G F L I Z
J O P U I Z H A L T I N G L P W Y Z C
V T L A R N S P A L E U K O D Q I W P
O J S P C O U T R A G E O U S A N D A
H G J D W U I D I O T I C D C V G K F
L V P F F T H A N K F U L Y V H N M H
X N I J U X A E Y S R Y E L A S T I C

INNOCENT, ADHESIVE, ASPIRING, CALCULATING,
HIDEOUS, SCARED, GODLY, THANKFUL, INQUISITIVE,
DISCREET, MALE, HANDSOMELY, HALTING,
OUTRAGEOUS, HIGHFALUTIN, POWERFUL, WAITING,
DIFFERENT, GULLIBLE, PALE, ELASTIC, MERE, LYING,
AVAILABLE, CLOUDY, INSIDIOUS, IDIOTIC, SAD,
GRANDIOSE

H P I B G X E Y H F F W A I T I N G O
S I N M B G X Y I A D G S T R A N G E
G N Q J G Z S M G S I C W V B K W W G
A N U D M A L E H C S O P G O R R S M
A O I W N U Y L F I G M A B R F L N T
C C S D B G W H A N U M L M H H L O Z
C E I F M U Y D L A S O E R G A T C V
X N T J A L A R U T T N U L N N P L M
Z T I D T L P U T E E A W Y W D O I E
A B V I U I T N I D D L G I D S W M R
L L E F R B U K N F B I U N R O E F E
T U A F E L C F I R S T C G Y M R L T
Z F G E A E L A S P I R I N G E F P Y
M N T R R G O D I S C R E E T L U P F
Z E S E M U U D H A L T I N G Y L A T
G U Y N F A D P X G S S E C O N D A K
P I A T O S Y T H I L A R I O U S O H
P K K M H E A D H E S I V E P D L T O
X Z J T D E L I G H T F U L J D S B P

MALE, FASCINATED, CLOUDY, SECOND, POWERFUL,
INQUISITIVE, ASPIRING, HIGHFALUTIN, HANDSOMELY,
DISGUSTED, ADHESIVE, HILARIOUS, STRANGE, PALE,
DIFFERENT, DELIGHTFUL, WAITING, HALTING,
INNOCENT, COMMON, DRY, DISCREET, LYING, MATURE,
MERE, DRUNK, GULLIBLE, FIRST

S N B W P E F J Z G H M A T U R E G O
A Q P A K V I N Q U I S I T I V E U U
O U O I D G K B I D I O T I C Z Y L T
D G N T N T H A N K F U L U S Z B L R
S S B I S Z H A N D S O M E L Y A I A
D B Y N X S T R A N G E O L N R M B G
R R P G F A S C I N A T E D Z B A L E
R H V G R A N D I O S E B X N K L E O
L I H I D E O U S V W W H O G W E B U
G G K F G A F A E M Q P A L E J N C S
U H L B O K H R C B D I S G U S T E D
X F B M D V A O O H I L A R I O U S F
O A C A L P L M N I F L Q M U X N Z U
C L D R Y V T A D M F P O W E R F U L
L U A S A D I T A W E L T Q Q Q W K Q
O T U Z I U N I T R R Y P D T M S E D
U I U C M H G C L F E I G F B E B R W
D N E C H U B B Y K N N B H X R I A J
Y I T I N N O C E N T G X U G E Q Q N

CLOUDY, FASCINATED, THANKFUL, DIFFERENT,
AROMATIC, INQUISITIVE, POWERFUL, DISGUSTED,
INNOCENT, HIGHFALUTIN, CHUBBY, MALE, SECOND,
GRANDIOSE, HANDSOMELY, SAD, HIDEOUS, HALTING,
OUTRAGEOUS, HILARIOUS, MERE, GODLY, PALE,
IDIOTIC, WAITING, GULLIBLE, MATURE, STRANGE,
LYING

F W W A N P A D H I D E O U S T I L K
N L L S E A H A N D S O M E L Y N M H
K B C P M R S C A R E D F Y V A Q T W
L A T I A C D K G I D I O T I C U M U
B V C R I O U T R A G E O U S U I A B
C A Q I H F K D A S H G O D L Y S T I
A I T N A J T G N E B U L O U S I U I
L L A G L B C E D D I S C R E E T R N
C A K F T H H X I S E M A L E H I E S
U B K Y I Q U P O W E R F U L I V I I
L L X D N T B E S J C V V P J N E U D
A E L K G I B D E U L Z S A N N Z D I
T M E R E F Y R I E O M K L E O J F O
I U C E S I S U H K U E Y E W C E S U
N O A S T R L N H K D V K A I E I S S
G G G P M S Y K N U Y K M M V N B M Q
P R E I L T Y D F A S C I N A T E D P
J W Y Y W A I T I N G J T N E V L C Y
H Z T H A N K F U L E I F J K R M J Q

MERE, THANKFUL, MATURE, CAGEY, NEBULOUS,
WAITING, FASCINATED, GRANDIOSE, AVAILABLE,
CHUBBY, DISCREET, HALTING, INQUISITIVE, HIDEOUS,
POWERFUL, OUTRAGEOUS, SCARED, HANDSOMELY,
FIRST, INSIDIOUS, INNOCENT, CLOUDY, DRUNK,
ASPIRING, CALCULATING, IDIOTIC, PALE, MALE, GODLY

S F L V F A S C I N A T E D L A K R
H T G B M E R E S T H A I G K D S W
E A G O D L Y Y A S A P V S L H V L
T K W A I T I N G T N R N A S E T N
U I D I O T I C X R D V H S C S H E
Y P Q C A G E Y H A S O A P H I A B
Q O P H L X O D C N O D L I U V N U
S M N I E P P L L G M R T R B E K L
C F B L L W I A O E E U I I B P F O
A R V A A F R G U A L N N N Y T U U
R I P R S I Q J D A Y K G G U M L S
E V O I T K M D Y D I S C R E E T G
D P W O I Z A G U L L I B L E H Y G
L A E U C C L T B I N S I D I O U S
Q L R S G I E G L Y I N G F M V L P
O E F P K O S F W Z M A T U R E C V
P C U Y B S S F I R S T N I B S A U
T C L H G Y R A V A I L A B L E I M

GULLIBLE, STRANGE, CLOUDY, AVAILABLE,
THANKFUL, POWERFUL, IDIOTIC, HALTING, MATURE,
HILARIOUS, MALE, INSIDIOUS, CHUBBY, FASCINATED,
FIRST, ELASTIC, PALE, ADHESIVE, GODLY, DISCREET,
CAGEY, LYING, MERE, NEBULOUS, WAITING, DRUNK,
SCARED, HANDSOMELY, ASPIRING

F H U Y W E T I E B A V A I L A B L E
A A N E U O O N Y R K A D R Y X F D W
J N E C F S C A R E D O N O J S L R L
M D W E I N Q U I S I T I V E N S C A
N S C H Z F R F F F Y Q Y H O J N O H
K O N H F A S C I N A T E D W M G M D
Y M L T H A L T I N G Z C U B M U M B
S E U A W Z U D H F M A T U R E S O L
T L V V E H O D L I N N O C E N T N N
R Y A C C A L C U L A T I N G A G I G
A D I S G U S T E D N J N Z A S U L O
N D C D K A C K E E P S S D P L E D
G E C O A R S J W H B A I E H I L U L
E E L U I O F D A I U C D C E R I L Y
K M O L H M I R I D L A I O S I B G M
A D U S F A R U T E O G O N I N L F Z
W S D A W T S N I O U E U D V G E O S
S A Y D Q I T K N U S Y S D E X I P F
W Y X T L C I S G S D I F F E R E N T

AROMATIC, ASPIRING, DRY, CALCULATING, GULLIBLE,
NEBULOUS, WAITING, HALTING, CLOUDY, INNOCENT,
GODLY, COMMON, SAD, STRANGE, SCARED, ADHESIVE,
INQUISITIVE, CAGEY, AVAILABLE, DISGUSTED, DRUNK,
FIRST, HIDEOUS, HANDSOMELY, FASCINATED,
INSIDIOUS, DIFFERENT, SECOND, MATURE

S F I S N W A I T I N G E T A I F F X
D K N H L D R V R F A S C I N A T E D
E B Q V K Z S T R A N G E V F L W C T
L D U E Q A S P I R I N G D I A O A Y
I N I L I N H I D E O U S I R F O L S
G Q S A D R U N K C V W E U S M F C M
H K I S H M J H A L T I N G T I W U B
T V T T U A C D U O C H U B B Y H L A
F I I I D L A K G U L L I B L E T A R
U O V C N E M P W D G R O O V Y M T O
L U E C O M M O N Y E D X S M I A I M
Q T D I S G U S T E D N P P C N T N A
U R T P O W E R F U L S X K D N U G T
Q A S V V A H I L A R I O U S O R C I
P G D K E G R A N D I O S E F C E M C
E E W Q S C A R E D H W T D R E G R A
A O Z A V A I L A B L E P F Q N N A L
Q U W D R Y L O B X R Y M Y A T A L L
D S O D I S C R E E T H B R R D V Y W

SCARED, MALE, FASCINATED, HIDEOUS, WAITING,
CLOUDY, POWERFUL, OUTRAGEOUS, GULLIBLE, FIRST,
STRANGE, CALCULATING, CHUBBY, GRANDIOSE,
COMMON, ASPIRING, DISCREET, DRY, MATURE,
AVAILABLE, DISGUSTED, INQUISITIVE, HILARIOUS,
GROOVY, HALTING, DELIGHTFUL, AROMATIC,
INNOCENT, ELASTIC, DRUNK

P S A Z K V T S M V M A L E L D B F I
A S C A R E D A I N K S G D Q V M I X
L B P F X A C D N D G T O I R C P J O
E D A S P I R I N G D R D S H Q P N L
H I G H F A L U T I N A L C M Y U T B
P L X B N X T T D R Y N Y R I R T R W
I N Q U I S I T I V E G N E A D O U J
I X P O W E R F U L O E L E A I E G M
X S T O U T R A G E O U S T V F L H C
G K C I S S E C O N D O S Q A F A I I
A D H E S I V E G S Y P E F I E S D Y
A S E P I D I O T I C S V C L R T E P
W A I T I N G D X K D X N C A E I O M
A P G V T G N E B U L O U S B N C U C
R T T L Y I N G M M A W G F L T O S L
I N S I D I O U S S M B C R E T E O O
D E J F I R S T S Q E H I O F P D G U
X L J F T W H I L A R I O U S I T Y D
G U L L I B L E V K E R P B S M B M Y

STRANGE, INSIDIOUS, GODLY, GULLIBLE, SCARED,
ASPIRING, ADHESIVE, HILARIOUS, DISCREET, SECOND,
NEBULOUS, POWERFUL, IDIOTIC, HIGHFALUTIN,
FIRST, LYING, DIFFERENT, ELASTIC, SAD, CLOUDY,
OUTRAGEOUS, DRY, WAITING, INQUISITIVE, MALE,
AVAILABLE, PALE, HIDEOUS, MERE

G W F C C H U B B Y O L Y Q X Y K O B
K F U E O I P E U A V A I L A B L E R
H C V R H D O P H E K Y O C L O U D Y
T A X Z Z E S S I O U T R A G E O U S
H L V S T O H L L F A S C I N A T E D
U C E Q H U I V A W G U L L I B L E S
V U R R A S F S R I N S I D I O U S E
E L P A L E I O I G W C J A G D R F U
C A Y D T D R K O J M A X F R I I T M
M T A H I A S E U T A R X W J S N W D
E I X E N F T Q S U L E A A M G N E K
R N M S G A X O M G E D C C A U O Y G
E G U I D I F F E R E N T D T S C R I
G K C V F S E C O N D U B R U T E Y A
R Q A E S K P V D R U N K Y R E N Q K
B P G B E L A S T I C P S Z E D T W Z
E U E P G O D L Y F I P X D D H W V O
H R Y V V U Z H V D I S C R E E T S E
S F Q G H H T P O W E R F U L R C L M

DISCREET, DRY, ELASTIC, CHUBBY, SECOND, FIRST,
OUTRAGEOUS, CLOUDY, ADHESIVE, MALE, SCARED,
DIFFERENT, MERE, CAGEY, INSIDIOUS, POWERFUL,
HILARIOUS, DISGUSTED, INNOCENT, HALTING, DRUNK,
CALCULATING, HIDEOUS, GODLY, GULLIBLE, MATURE,
FASCINATED, PALE, AVAILABLE

P S W B K U A M H G A R R U L O U S F
A C Y O B E L U A R T S E C O N D V W
V L A C A L C U L A T I N G U B N Y Z
U O B Z I E S M T E K I D I O T I C O
Z U U Z N Z B I I R G H S E O D C V Y
B D H E W P O D N Y V Z C N W Y I I H
G Y P J L Y I N G M O Z A Y C K V N I
F A S C I N A T E D J A R D O S X N L
T T B P N S R C A G E Y E I M F W O A
W F G O S T D R U N K S D F M H O C R
A Z E W I R Q G R O O V Y F O T U E I
I I W E D A L A C I D M T E N D T N O
T Y O R I N G E N E R A L R X X R T U
I U D F O G J R K X X L M E G C A L S
N N S U U E C M E R E E U N L H G F N
G H O L S R P R J B U T R T O U E U S
D F H I G H F A L U T I N F D B O W L
K F I R S T X V H A R M L Z G B U O P
X K G U L L I B L E C X X G I Y S L L

COMMON, INSIDIOUS, HIGHFALUTIN, LYING,
HILARIOUS, SCARED, INNOCENT, FIRST, HALTING,
WAITING, MALE, FASCINATED, CHUBBY, GULLIBLE,
GROOVY, GARRULOUS, STRANGE, CALCULATING,
SECOND, DIFFERENT, GENERAL, CAGEY, CLOUDY,
OUTRAGEOUS, MERE, ACID, POWERFUL, IDIOTIC,
DRUNK

Z Z G C Z D A J C O M M O N S Z K O D
C A I A H W H O E G O D L Y G C E G U
M Z D T B L D I D I H I L A R I O U S
N M I H D Z E R R H A L T I N G X E K
O A O A R W W D Y G G H N C L O U D Y
U V T N L Y I N G K R J T G Y G S I Q
T A I K Q E C A L C U L A T I N G D P
R I C F W L A D I S C R E E T D A R C
A L E U N A G B S T R A N G E I I U B
G A M L E S E K H H I D E O U S F N Z
E B P S N T Y J Z T N V A W A G P K M
O L J B D I T H X F S N R A D U Z H Z
U E I N O C U P T B I E O I H S S W P
S G U L L I B L E V D B M T E T F H C
F A S C I N A T E D I U A I S E I C G
Z N U Z L T D U R M O L T N I D R V K
K Z Z S A D R S I K U O I G V Y S F S
D E L I G H T F U L S U C Z E E T C D
I N Q U I S I T I V E S V D T Z N T Z

DRY, DISGUSTED, STRANGE, INSIDIOUS, THANKFUL,
DELIGHTFUL, DRUNK, AVAILABLE, GULLIBLE, CLOUDY,
LYING, HIDEOUS, NEBULOUS, FIRST, HALTING,
COMMON, DISCREET, INQUISITIVE, HILARIOUS,
IDIOTIC, CALCULATING, FASCINATED, WAITING, SAD,
OUTRAGEOUS, GODLY, AROMATIC, ADHESIVE,
ELASTIC, CAGEY

O U T R A G E O U S A U V G F V S P I
W P K I E Z C P O W E R F U L R U J J
C O M M O N N M G B C X S D V G Z R C
Q X L F Q W G F H I L A R I O U S O F
S D O R V P Y I L Y I N G F X C A D R
O D R Y H Y V R C I I W T M I H D G A
J K Z W A W E S A Q M U S A N U H F V
P I V R N U J T L W A O A L S B E R A
U D G O D L Y T C D T D D E I B S C I
M E R E S T Q Y U I U R R E D Y I L L
P L A F O H L V L S R U F A I X V I A
G I L A M A A Q A C E N K X O Y E H B
U G H R E N O A T R R K T H U X I G L
L H C O L K F F I E E I Y T S I E F E
L T H M Y F M T N E D I S G U S T E D
I F J A L U B U G T G R A N D I O S E
B U F T D L Q S C A R E D P R N U X Z
L L N I H I D E O U S C G F M N T J Q
E I X C X H Q S D S T R A N G E C O P

COMMON, DRUNK, FIRST, HILARIOUS, AVAILABLE,
HANDSOMELY, DISCREET, DELIGHTFUL, DISGUSTED,
MALE, AROMATIC, CALCULATING, HIDEOUS,
OUTRAGEOUS, GODLY, MERE, ADHESIVE, POWERFUL,
INSIDIOUS, GULLIBLE, SCARED, THANKFUL,
GRANDIOSE, CHUBBY, MATURE, STRANGE, LYING, DRY,
SAD

B O C O U T R A G E O U S K V T U L X
O H A L T I N G C H U V L G U E L B K
A W C H H I L A R I O U S O Y D I S W
F L Y I N G K D E W F Y O D F O Y P Y
Y B S M E R E J A L P J R L L X X H J
I D I O T I C F G Q U R L Y Z L Y H D
Z L A C W O H I L A H D M A T U R E N
D V O A E P I R J N G R A N D I O S E
U P D L G V S E C R Y A J K Y Z P B
S A T C G G H T P M A L E P W Q S R U
T L H U G A F C L O U D Y K H V Q Q L
R E A L U V A K A C H U B B Y A U S O
A B N A L A L O D C K O F Z E H D A U
N R K T L I U J H T E L A S T I C D S
G O F I I L T K E A S P I R I N G Q I
E M U N B A I R S M F J Y C A G E Y C
K X L G L B N N I N S I D I O U S N O
O D G L E L N I V P O W E R F U L C T
A X V K D E D S E C W A I T I N G I V

DRY, SAD, HIGHFALUTIN, HALTING, GRANDIOSE,
ASPIRING, MATURE, ELASTIC, OUTRAGEOUS, MALE,
CHUBBY, FIRST, THANKFUL, STRANGE, AVAILABLE,
GODLY, HILARIOUS, LYING, PALE, CLOUDY,
POWERFUL, IDIOTIC, INSIDIOUS, CALCULATING,
CAGEY, MERE, NEBULOUS, GULLIBLE, ADHESIVE,
WAITING

J D A Q D H Y D E G N D I S C R E E T
W I R N F A O Q M B W S P D Q K R P R
A F O W A N B M E R E P Q R U K Y D H
I F M L C D S T R A N G E Y P J T J A
T E A Y O S A D W T Q Q G Z T N J H S
I R T I M O P H I L A R I O U S Z M P
N E I N M M Z O D Y S E C O N D Y D I
G N C G O E S A D K E I D U H K P S R
H T K C N L J C A L C U L A T I N G I
C L O U D Y K A M G G K R T K D N Z N
F A Q K V E R B L C H U B B Y I E P G
E X L Y H A L T I N G P D Y F O B P J
M P D H I D E O U S T A R G I T U O L
K A V A I L A B L E N H U N R I L W L
O R G U L L I B L E L W N F S C O E C
L A D H E S I V E J Z L K X T J U R T
B T J B X R U D I S G U S T E D S F W
C X V L K E L A S T I C D T G U B U M
P A P Q K F F A S C I N A T E D M L M

WAITING, COMMON, FASCINATED, SECOND,
HILARIOUS, ADHESIVE, DISGUSTED, DISCREET,
DIFFERENT, HALTING, CALCULATING, NEBULOUS,
POWERFUL, CHUBBY, HIDEOUS, GULLIBLE, CLOUDY,
SAD, MERE, HANDSOMELY, DRUNK, AROMATIC, FIRST,
ASPIRING, AVAILABLE, LYING, ELASTIC, DRY,
STRANGE, IDIOTIC

G A F H C L O U D Y E H L H M H N D L
E V N A M E R E F X G N S J J W M H Y
B A M L O L U H H O U E A C B A N S I
Z I J T U M Y A I C L B D V N I D Y N
X L B I T M U N D A L U Z V S T B G G
N A O N R A S D E L I L E Q H I R C F
S B F G A L C S O C B O E U I N A Q Z
E L T L G E A O U U L U X F G G E Q U
C E P O E U R M S L E S N E H T N J M
O B K A O F E E C A G E Y V F G W Q T
N G C A U W D L S T C S T R A N G E B
D F I R S T V Y Y I I L D P L U O T W
A D H E S I V E U N M K X C U P D H H
N U C M A T U R E G Y F S Q T U R A W
D N H Q H I L A R I O U S I I G U N R
O Q U V A D I S C R E E T E N H N K U
M G B I N Q U I S I T I V E T B K F K
I C B E U D Q C I N S I D I O U S U P
B B Y I N N O C E N T L X K S B R L W

CALCULATING, OUTRAGEOUS, WAITING, STRANGE,
THANKFUL, ADHESIVE, AVAILABLE, NEBULOUS,
INSIDIOUS, DRUNK, HIGHFALUTIN, CLOUDY, CHUBBY,
HANDSOMELY, CAGEY, HILARIOUS, MALE, SECOND,
HALTING, DISCREET, MERE, SCARED, GULLIBLE, LYING,
MATURE, HIDEOUS, INNOCENT, INQUISITIVE, SAD,
FIRST

A T H K H E D K L H A N D S O M E L Y
V F A R I L I S N P D D C L O U D Y F
A D L T L A S C Q C R F O O I I B X C
I O T T A S C A Q D Y E J X N B S J H
L B I D R T R G S D I S G U S T E D I
A Q N R I I E E T I D O U L I H D M G
B Y G U O C E Y R H M O U N D A B A H
L T A N U J T H A N K F U L I D M L F
E N S K S H N Q N G Y E X Y O H Z E A
P N C O M M O N G U F A O J U E P V L
S E C O N D W Z E D C A C G S S A K U
T M H I D E O U S I F R S R M I L M T
Q E Q Y G O D L Y F Q O A A W V E N I
W R N P X A O I Z F U M D N H E A T N
R E H U W U R G B E H A T D C L P D P
N Z Z I T B I A G R A T E I B D X D Q
S P O W E R F U L E R I D O F Y X B Y
C A L C U L A T I N G C W S V H Q A W
P M I N Q U I S I T I V E E V O N R O

DIFFERENT, HILARIOUS, MERE, HIGHFALUTIN,
STRANGE, ADHESIVE, THANKFUL, INSIDIOUS,
HALTING, DRY, SECOND, GODLY, GRANDIOSE, PALE,
CLOUDY, ELASTIC, DISCREET, INQUISITIVE, COMMON,
HANDSOMELY, MALE, CALCULATING, POWERFUL,
CAGEY, DISGUSTED, HIDEOUS, DRUNK, AROMATIC,
SAD, AVAILABLE

A V A I L A B L E F O G C K T P T Z R
G O E X P W H I G H F A L U T I N C B
M A T U R E A W F O V M O P O T H A L
D W D I S G U S T E D Z U M U H I L B
H K H I N S I D I O U S D Z T A L C A
T O J S S F L I I V T Y Y D R N A U R
T T I D I F F E R E N T W J A K R L O
Q Y R F V T V W A I T I N G G F I A M
H Q K N R D G D A F U N P A E U O T A
I G O E M R U I D U Y Q Y K O L U I T
D R F B A Y L S H R A U U V U J S N I
E A T U L N L C E Q V I I Z S A G G C
O N G L E D I R S F A S C I N A T E D
U D O O M O B E I A V I I E D P A L E
S I D U V M L E V X D T I D I O T I C
G O L S R N E T E B N I A D R U N K I
V S Y C A G E Y O J X V O E H Q Q X M
K E C N T P U M W B B E X S E C O N D
R N D G M A J X X H A L T I N G D G Y

ADHESIVE, CLOUDY, HALTING, INQUISITIVE,
HIGHFALUTIN, IDIOTIC, HIDEOUS, FASCINATED, MALE,
THANKFUL, CALCULATING, GODLY, WAITING,
DIFFERENT, PALE, DRUNK, DRY, SECOND, CAGEY,
AROMATIC, OUTRAGEOUS, INSIDIOUS, GRANDIOSE,
AVAILABLE, MATURE, DISGUSTED, GULLIBLE,
NEBULOUS, HILARIOUS, DISCREET

G D M O E H G P C Q A P E C D R R R Z
O I G W H B C O M M O N O I P W G C X
D S E D A Y M T H A N K F U L Y Z C H
L C P Q L G V E E S C L O K O M M M U
Y R K G T G C A L C U L A T I N G R F
F E M S I W G H P Q Q F R N Z Y V Q H
I E E A N A M F S B G I Y F S G H I F
Y T R S G I A D I F F E R E N T I N Z
V B E B P T T B C B O Y O Y D M G Q L
A I Z A Z I U G A P E B J Q I U H U D
X X O D Q N R W G Z L J A A S G F I E
N M E K T G E N E R A L D C G R A S L
M A L E E A S R Y L S C H L U A L I I
G J W C J K B V P Y T H E Z S N U T G
A S P I R I N G W I I U S D T D T I H
I S T R A N G E E N C B I R E I I V T
O Q K Y Z J K D R G P B V U D O N E F
B Z I N S I D I O U S Y E N N S U D U
M U E H I D E O U S P S G K V E X X L

BAD, HALTING, DIFFERENT, CHUBBY, GODLY,
THANKFUL, COMMON, DRUNK, INSIDIOUS, MERE,
ASPIRING, STRANGE, MALE, ADHESIVE, GRANDIOSE,
DELIGHTFUL, WAITING, DISGUSTED, GENERAL,
CALCULATING, HIGHFALUTIN, DISCREET, INQUISITIVE,
ELASTIC, CAGEY, LYING, MATURE, HIDEOUS

V F A X H I G H F A L U T I N Q P B X
U J V Q Z H H Y P J G N E B U L O U S
D F A S C I N A T E D O L L Q D S C X
I I I A G L W C A G E Y A U M E T W L
S D L T O A A H U B G U S G E R R D Y
G I A H D R I G Y E Q D T Y U A A I N
U O B A L I T W M R R J I Z N L N S C
S T L N Y O I O A D D C C S A D G C M
T I E K E U N T T Z I A U Y I K E R E
E C S F P S G Y U N X L F J N B P E R
D C H U B B Y A R H G C K W Q P Z E E
F T B L V B L D E A U U O I U O Z T L
N P D R U N K H D L L L J F I W L T V
L D I F F E R E N T L A C I S E X D C
H I D E O U S S E I I T Q R I R E R H
V H L X P L P I M N B I D S T F Q K Y
D T O J P P W V N G L N S T I U X Y I
T L D R Y U M E K T E G Q M V L J J W
W N M I N S I D I O U S O K E J B Y V

POWERFUL, THANKFUL, CAGEY, HIDEOUS, MERE,
DISGUSTED, FIRST, WAITING, FASCINATED, DRUNK,
ELASTIC, SAD, ADHESIVE, INSIDIOUS, DISCREET,
STRANGE, HILARIOUS, INQUISITIVE, CHUBBY, GODLY,
AVAILABLE, GULLIBLE, HIGHFALUTIN, DIFFERENT,
HALTING, DRY, CALCULATING, NEBULOUS, MATURE,
IDIOTIC

G R O O V Y C X E L P G H A I U A A J
R A D H E S I V E A Y V A O N M G F P
D I F F E R E N T Y S J N B Q A C L Q
G F V S A D T U Q Y D X D D U T H X S
R K N S L Y I N G B D D S Z I U U Q C
A W A I T I N G W X R C O S S R B N A
N Q N I N S I D I O U S M P I E B T R
D D R Y F X A J J Y N Z E D T X Y C E
I I N N O C E N T J K A L S I S T I D
O R P H D I S C R E E T Y M V Z P P G
S B I I V X B H K U P A L E E E J Q Y
E U M L C X V I N O U T R A G E O U S
C B V A L T B D E S W P O W E R F U L
Q J T R O X F E B C A G E Y M W J C R
R L J I U S Q O U E C N Q T G O D L Y
M T T O D Q R U L G U L L I B L E P W
M U G U Y S K S O S E C O N D C U F F
B Y S S U K J K U F A S C I N A T E D
R W Q S Y O O S S Z C D I D I O T I C

DISCREET, GODLY, INNOCENT, MATURE, PALE,
HANDSOMELY, CLOUDY, DIFFERENT, SAD, SECOND,
NEBULOUS, GRANDIOSE, DRY, POWERFUL,
OUTRAGEOUS, ADHESIVE, FASCINATED, CHUBBY,
SCARED, LYING, INSIDIOUS, HILARIOUS, INQUISITIVE,
DRUNK, GULLIBLE, HIDEOUS, IDIOTIC, CAGEY,
WAITING, GROOVY

C I J F S Z I N S I D I O U S I T Y Y
A N N Q T B N W L M N D R U N K N H T
L O G G R U F G C C J W Y M A L E I O
C J R T A R A D H E S I V E G A B G U
U H A A N X S S E C O N D V V S U H T
L A N V G E C P I R K H Z J Y P L F R
A N D A E H I F N U S A D S P I O A A
T D I I L K N Y A G H U E L A R U L G
I S O L E M A L C L O U D Y L I S U E
N O S A R A T Y A I N N O C E N T T O
G M E B W T E I Q W A I T I N G F I U
Z E A L X U D N H T U W O I I V G N S
T L Q E R R K G O V D I S G U S T E D
N Y T A L E K E L A S T I C U Z U F R
S A N U V B L K B X G O D L Y X S V L
S J Q G U L L I B L E H R K M B O M E
I E S B N Z S C A R E D E J L U I P P
D S L B D B T H I L A R I O U S I Y D
O B S M V I K F S P U A E J W F T R F

GODLY, ELASTIC, ADHESIVE, MATURE, HILARIOUS,
STRANGE, DISGUSTED, MALE, ASPIRING,
HIGHFALUTIN, HANDSOMELY, PALE, OUTRAGEOUS,
GRANDIOSE, LYING, SAD, WAITING, NEBULOUS,
AVAILABLE, GULLIBLE, SECOND, CALCULATING,
INSIDIOUS, INNOCENT, FASCINATED, CLOUDY, DRUNK,
SCARED

V O N E B U L O U S M L G S S I F K I
V M D R Y J R C L K C I Y J J A A D R
E Z W C H U B B Y J M N B L T I S U Z
E L A S T I C Y M K Z S S K D Y C U I
T U I P A L E D E Y Y I O F U T I G B
E P T K H I D E O U S D U J A T N M Z
D A I M A T G D H E Y I T P D V A F I
E I N Y S P D I I V M O R O H L T E Q
W N G X P A R F G G A U A W E H E B I
L Q E V I O O F H R L S G E S K D U X
B U R H R H J E F A E K E R I Q X G V
U I Q G I L C R A N I W O F V S A D W
K S J O N T A E L D G F U U E L B R C
M I L D G X G N U I T E S L J Y B X R
A T H L Y I E T T O D M E R E I E A A
T I X Y R M Y I I S V J A Y J N V X F
U V M X M S E H N E F I R S T G X P K
R E G P I N N O C E N T N O S P Y U E
E D Q P S E Y I D H I L A R I O U S K

GRANDIOSE, FASCINATED, GODLY, SAD, DIFFERENT,
ASPIRING, DRY, ELASTIC, ADHESIVE, LYING,
NEBULOUS, INSIDIOUS, FIRST, INNOCENT, CAGEY,
OUTRAGEOUS, INQUISITIVE, HIDEOUS, HILARIOUS,
WAITING, MALE, HIGHFALUTIN, POWERFUL, MERE,
CHUBBY, PALE, MATURE

P O W E R F U L C S W G C N L T Y D M
O N E B U L O U S Z T L S A A A W C E
G C A L C U L A T I N G I H D L C Q D
T N U C Y T I N N O C E N T H E Q B R
L L M A T U R E H J O L Q A E V E A K
I O E G H A I H I T U H U V S A T C P
H A L E V D U A L N T I I A I D D N J
O L A Y J N K G A Q R G S I V W Z J W
I Y S C A R E D R F A H I L E Y D D Z
D I T Y Y V S R I I G F T A U I D R L
I N I J Z D A P O R E A I B Z P I U P
O G C D N J D A U S O L V L V W S N O
T H A N K F U L S T U U E E W A C K X
I A T A V U W E A H S T K W Y I R U Y
C H A N D S O M E L Y I U F L T E E J
H A L T I N G U G D Y N S N S I E D M
Q V R T F A S C I N A T E D X N T F A
A Y C M B D I F F E R E N T M G K B L
V C G A L A P B V E V L A M E R E T E

WAITING, HANDSOMELY, FASCINATED, OUTRAGEOUS,
POWERFUL, INNOCENT, DIFFERENT, IDIOTIC, MATURE,
FIRST, INQUISITIVE, ADHESIVE, THANKFUL, MALE,
MERE, CAGEY, CALCULATING, DRUNK, SCARED,
DISCREET, HILARIOUS, LYING, HIGHFALUTIN, SAD,
HALTING, AVAILABLE, ELASTIC, NEBULOUS, PALE

Q D E L I G H T F U L W P L O S V O G

H I D I S G U S T E D O S Z C T R H X

A K V Q P O D R U N K Y A R I R G K X

L Q I R O D D J P A L E D R H A E F Z

T R N Q W L D I S C R E E T L N F K I

I C S N Y Y A V A I L A B L E G A A N

N C I M A T U R E Z B U Y F G E S T N

G A D J O H I L A R I O U S U M C S O

M L I J N G E N E R A L D Z L V I L C

I C O M M O N X B B H C W T L X N B E

C U U K D B A D A V Y H N F I L A N N

E L S I D I O T I C A U L I B M T F T

G A K A T M E R E X A B Q R L C E G C

Q T G R A N D I O S E B U S E M D F M

P I A D H E S I V E P Y K T W T K K J

P N P A K N D I F F E R E N T H E O X

Q G V F D S N K Q R V H N G R O O V Y

E C A G E Y E A Z Q Q P G B E G H R I

Z G L I C G Y L A V G E S E C O N D U

MERE, ADHESIVE, GROOVY, INSIDIOUS, HILARIOUS, SECOND, FIRST, PALE, DIFFERENT, MATURE, FASCINATED, GENERAL, DISCREET, IDIOTIC, HALTING, SAD, STRANGE, GODLY, DELIGHTFUL, DISGUSTED, AVAILABLE, CHUBBY, GRANDIOSE, CAGEY, BAD, GULLIBLE, INNOCENT, DRUNK, COMMON, CALCULATING

Solutions

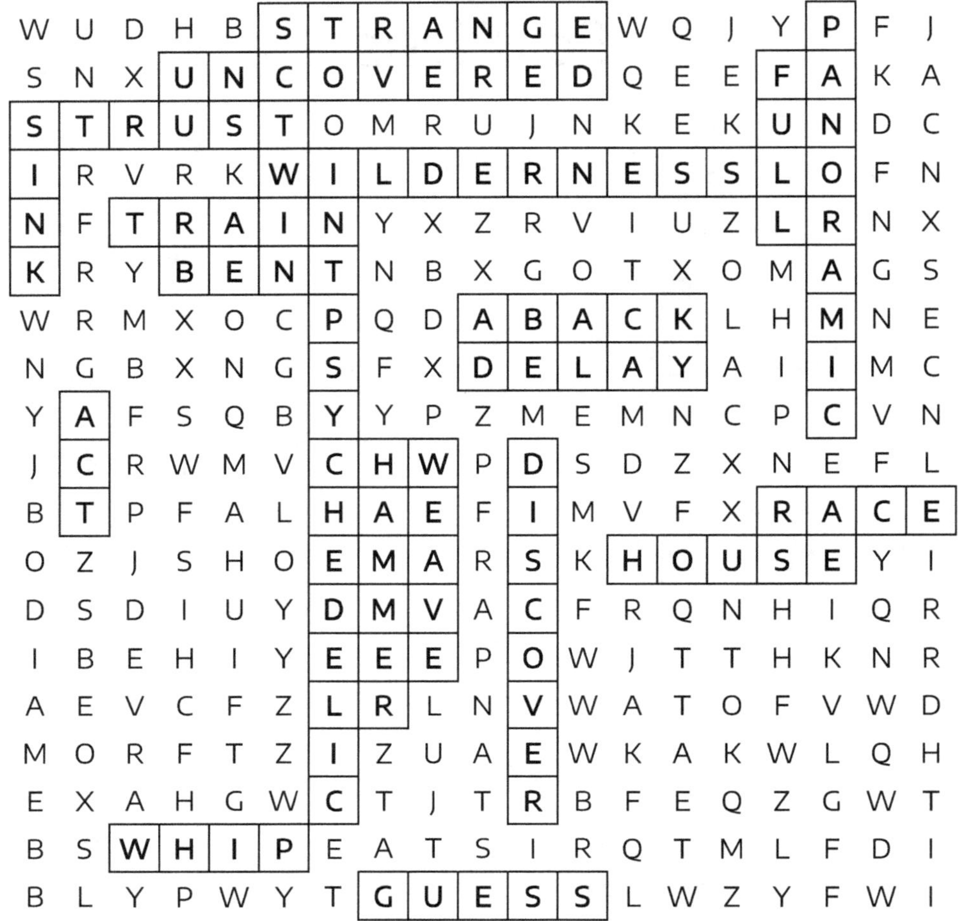

WILDERNESS, BENT, FULL, HAMMER, ACT, ABACK,
HOUSE, RACE, WHIP, SINK, DISCOVER, TRAIN,
PSYCHEDELIC, DELAY, STRANGE, UNCOVERED, GUESS,
WEAVE, PANORAMIC, TRUST

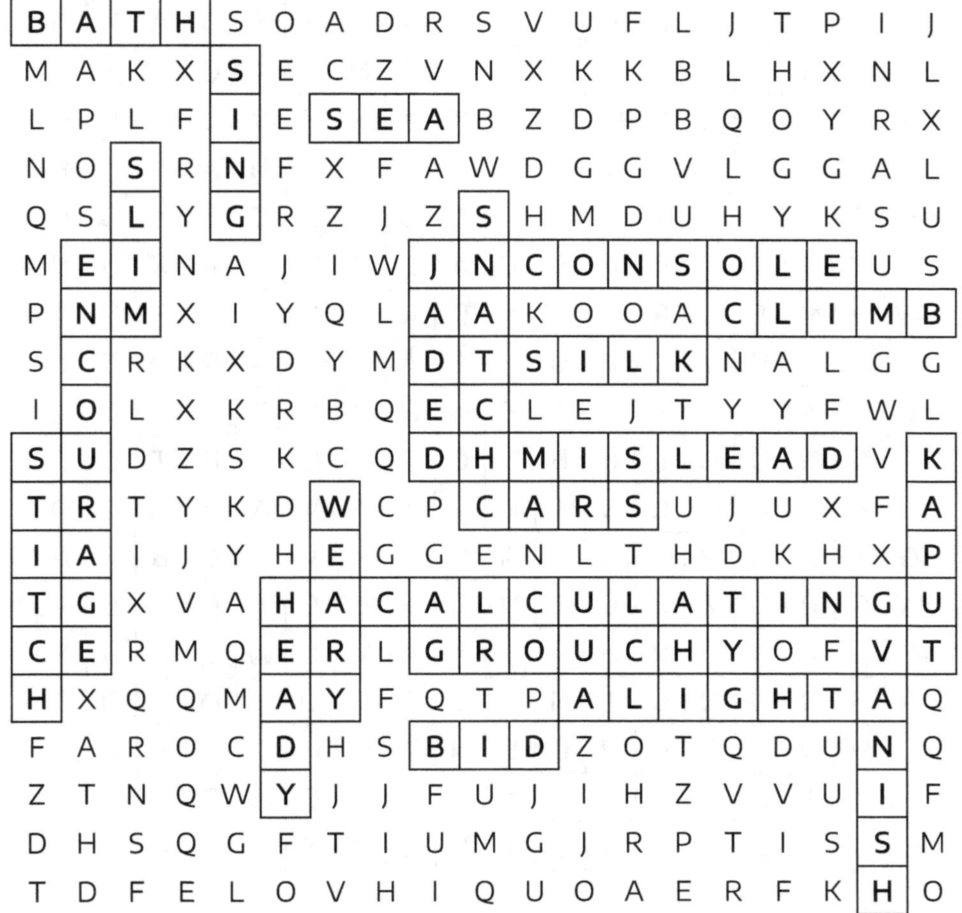

CARS, WEARY, JADED, SILK, CLIMB, SLIM, STITCH,
GROUCHY, BATH, ENCOURAGE, SING, SEA, CONSOLE,
ALIGHT, KAPUT, HEADY, MISLEAD, BID, SNATCH,
CALCULATING, VANISH

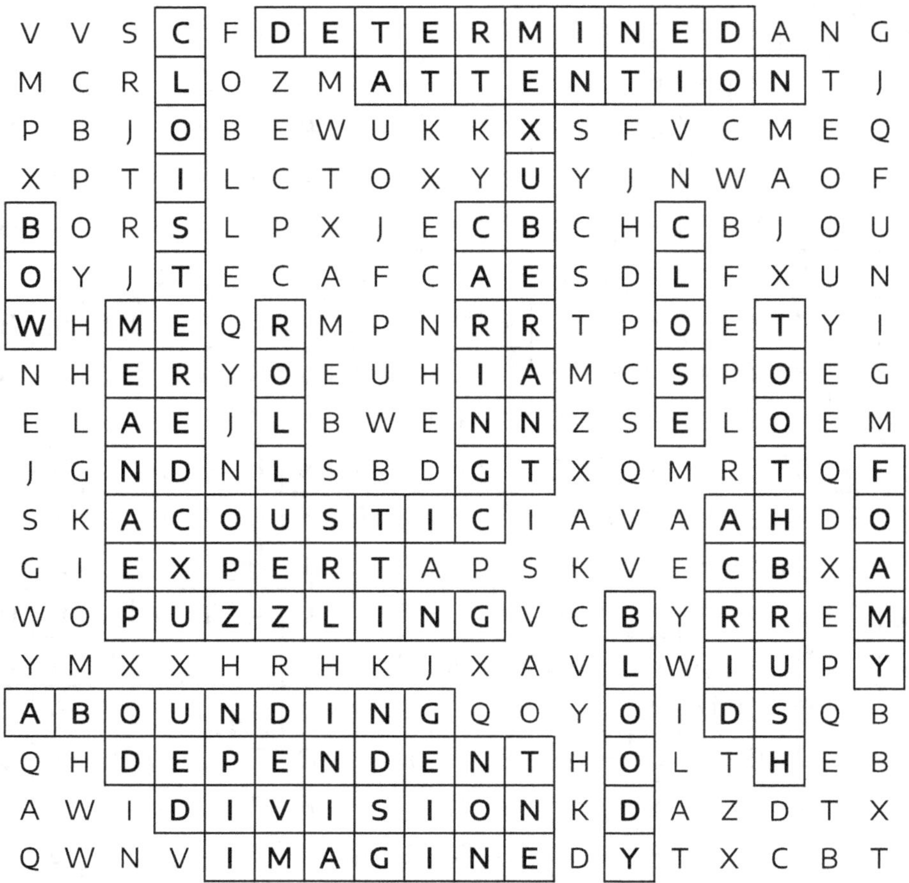

MEAN, ACRID, BLOODY, EXUBERANT, ACOUSTIC,
CARING, PUZZLING, ROLL, IMAGINE, BOW, EXPERT,
ABOUNDING, FOAMY, CLOSE, DEPENDENT,
CLOISTERED, ATTENTION, DETERMINED,
TOOTHBRUSH, DIVISION

GODLY, OUTRAGEOUS, MATURE, COHERENT, HARD,
HILARIOUS, ADHESIVE, MALE, PALE, FORCE,
ENLIGHTEN, RUSH, HOSPITAL, IDIOTIC, FANCY,
CHEERFUL, NEBULOUS, HUSHED, HALTING, SHAPE,
DIFFERENT, WOMAN, HANDSOMELY, POWERFUL,
INNOCENT, ASPIRING, WISH, ELASTIC, MERE

G N D C L O U D Y X R T G P P M Y G R
N L N H A L T I N G L M U T A A L M X
T Q E D I F F E R E N T I J L L W A C
L D B Z A G N J Y Q Z G T L E E R T A
W W U E L I A Q H Z X L A G V A J U G
P C L X S I T P E A C E R Q Y Z J R E
I H O K H A H O U T R A G E O U S E Y
N U U F A D O S I N S I D I O U S F W
Q B S A D B U H O V E R W R O U G H T
U B P S H U G A R N G W V H A R B O R
I Y E C E R H L E E O I H I W D H I Q
S Z G I S S T L M B E E S L R W E E P
I L C N I T L O A U F A N A T I C A L
T N C A V X E W K L U T U R N H F G V
I K P T E Q S P E O H I D I O T I C Q
V E R E K I S R G U L U B O V N R M T
E D K D F B G C L S F K V U A G S Y U
W N D B U I L D I N G G T S E C T O C
M K B W H O S P I T A B L E Y Q P A L

ADHESIVE, NEBULOUS, OVERWROUGHT, GUITAR,
BUILDING, FASCINATED, INSIDIOUS, INQUISITIVE,
HALTING, HOSPITABLE, PEACE, THOUGHTLESS,
BURST, HILARIOUS, IDIOTIC, FANATICAL, NEBULOUS,
OUTRAGEOUS, CAGEY, CLOUDY, DIFFERENT, CHUBBY,
SHALLOW, WEEP, PALE, HARBOR, REMAKE, MATURE,
MALE, FIRST

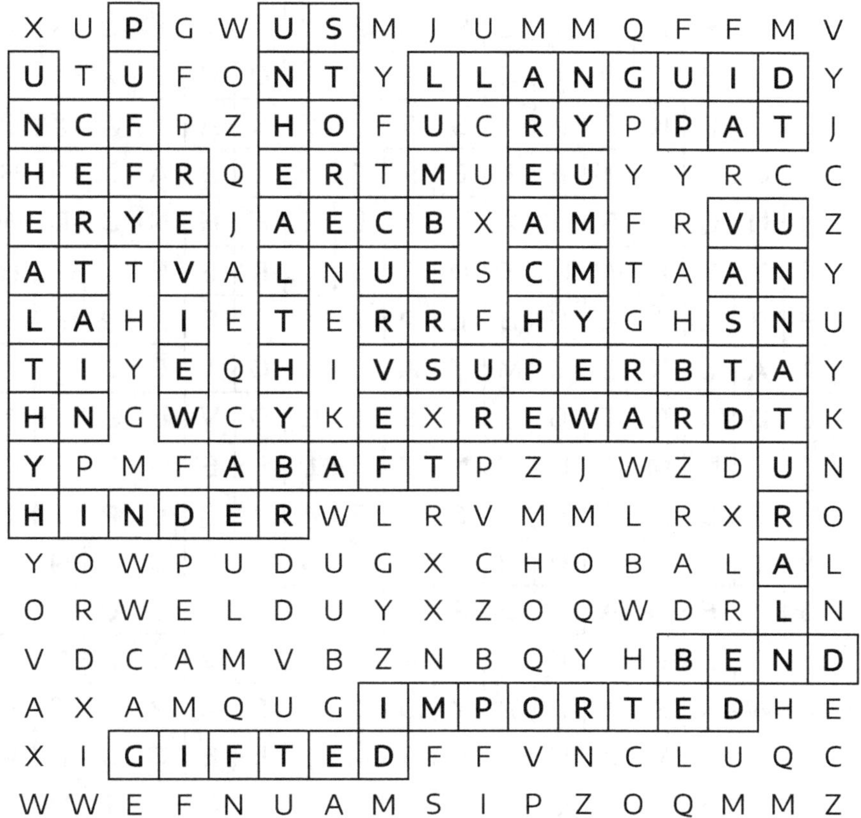

HINDER, CERTAIN, REWARD, UNHEALTHY, GIFTED,
PUFFY, CURVE, UNNATURAL, LUMBER, REACH, BEND,
LANGUID, YUMMY, ABAFT, STORE, UNHEALTHY, VAST,
REVIEW, IMPORTED, SUPERB, PAT

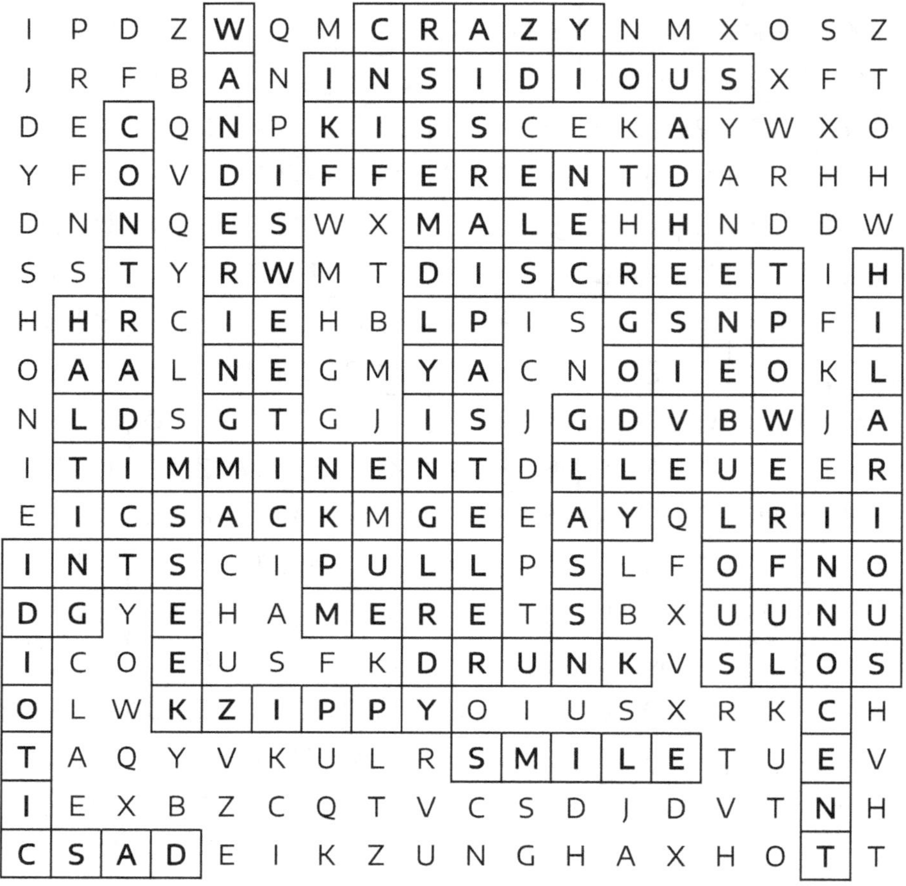

IDIOTIC, IMMINENT, SAD, DISCREET, ZIPPY, CRAZY,
LYING, POWERFUL, GLASS, DRUNK, INNOCENT,
NEBULOUS, HALTING, GODLY, SMILE, ADHESIVE,
MALE, SWEET, INSIDIOUS, HILARIOUS, KISS,
CONTRADICT, PULL, SEEK, WANDERING, DIFFERENT,
SACK, MERE, PASTE

W L U O N X A D I M P R O V E A Q V X
A A G J E V V I I N Q U I S I T I V E
I S A D B K A S D F Q G A X E H J P H
T A H N U N I C W D M T V O C F I L L
I R K X L H L R D L Q F U Y H F J E B
N P Z B O G A E S W W A S M N F R B P
G S B C U V B E E L A S T I C H G W F
V P K A S A L T V K M C R C H U B B Y
P A R A L L E L G F M I A G W N B S Y
C A G E Y U U J A I O N N X I U X T S
N C C Y V A D R Y R L A G T N M C F G
J Y L L M B Q U V S D T E S S B S C R
P B O L G L I A Q T C E T C I E A O A
G Q U O O E D D W N A D N A D R M A N
E I D I N N O C E N T R S R I L T T D
Z B Y V S E C O N D S W G E O E X Z I
Y T H A N K F U L I J K H D U S Y O O
W M H I L A R I O U S X I B S S J A S
E J F H I G H F A L U T I N Z J W G E

SAD, GRANDIOSE, THANKFUL, HILARIOUS, VALUABLE,
CATS, PARALLEL, INSIDIOUS, STRANGE, FILL, ELASTIC,
WAITING, SCARED, CLOUDY, DISCREET, FASCINATED,
NEBULOUS, IMPROVE, INQUISITIVE, COAT, FIRST,
AVAILABLE, INNOCENT, SECOND, CHUBBY,
NUMBERLESS, DRY, HIGHFALUTIN, CAGEY

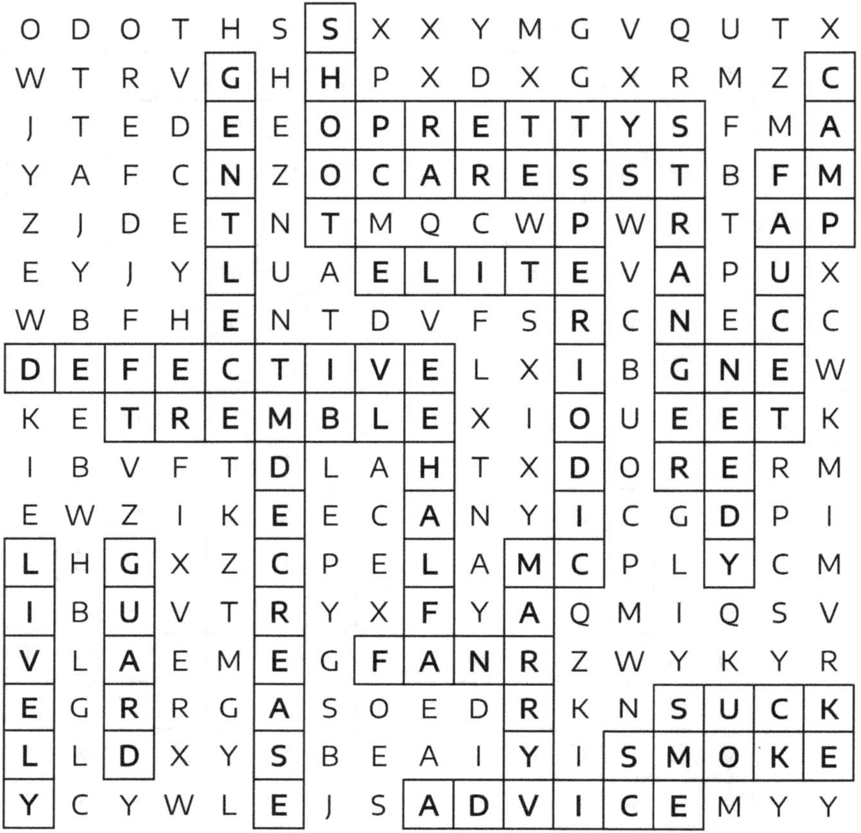

FAUCET, MARRY, GUARD, PERIODIC, SHOOT, CARESS,
CAMP, GENTLE, PRETTY, DEFECTIVE, LIVELY,
DECREASE, ELITE, HALF, TREMBLE, ADVICE, FAN,
STRANGER, NEEDY, SMOKE, SUCK

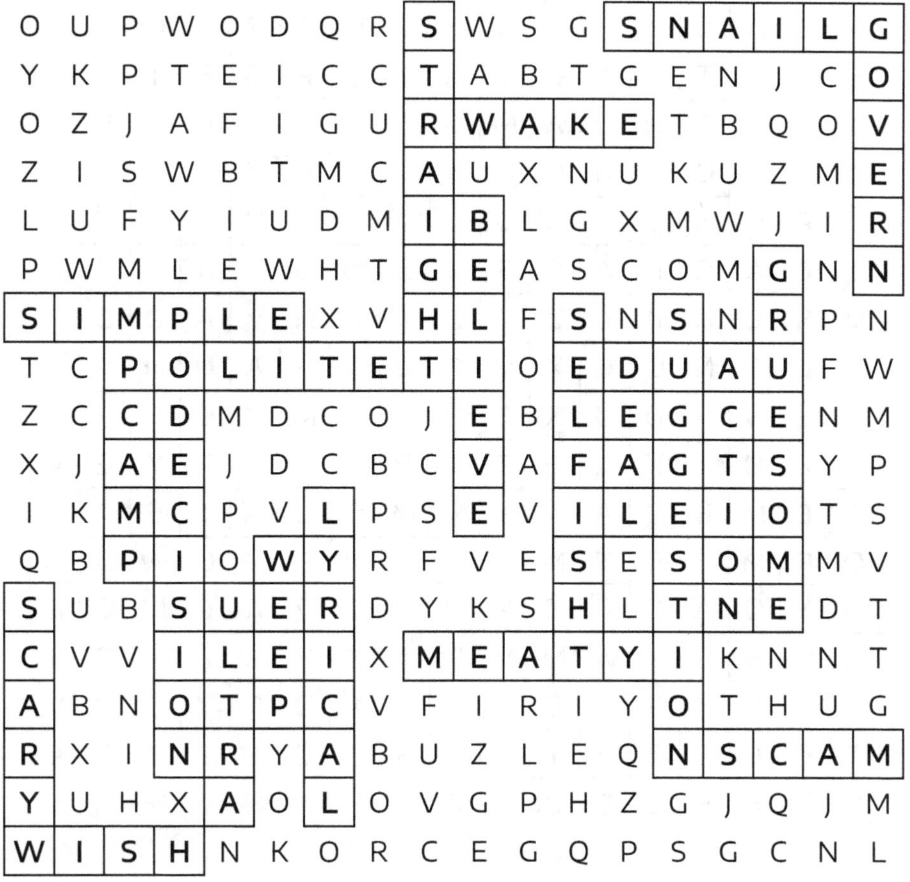

SCAM, BELIEVE, GOVERN, ULTRA, SUGGESTION, WEEP,
WAKE, WISH, CAMP, SIMPLE, POLITE, SNAIL, LYRICAL,
SCARY, SELFISH, ACTION, STRAIGHT, GRUESOME,
DECISION, MEATY, DEAL

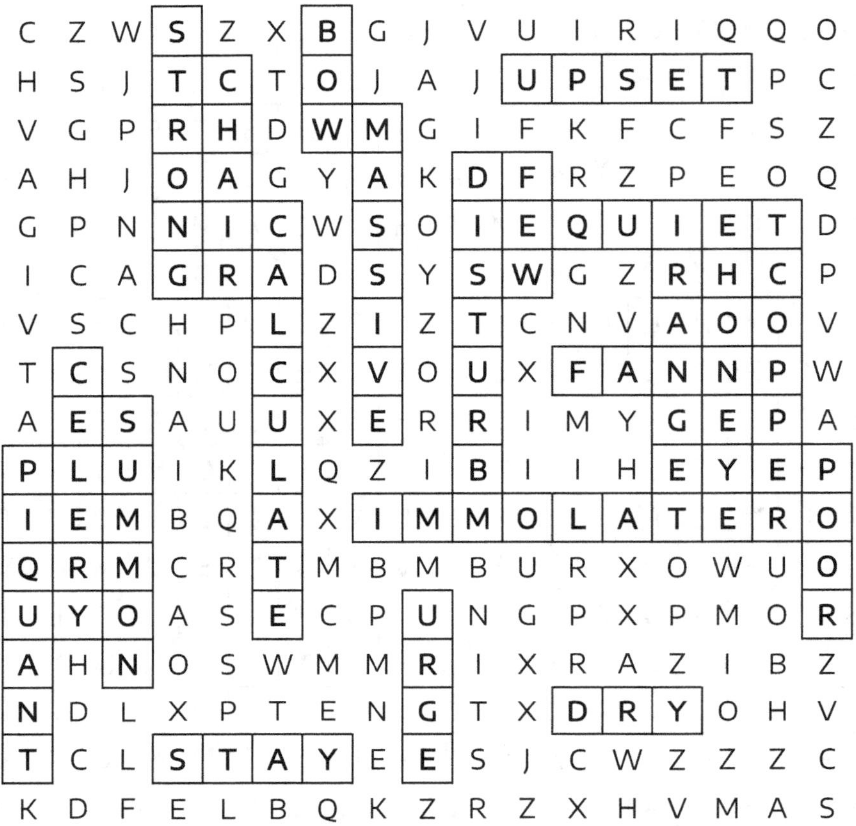

QUIET, CELERY, BOW, IMMOLATE, UPSET, FEW, POOR,
PIQUANT, STAY, CHAIR, CALCULATE, COPPER,
DISTURB, SUMMON, MASSIVE, DRY, FAN, URGE,
RANGE, HONEY, STRONG

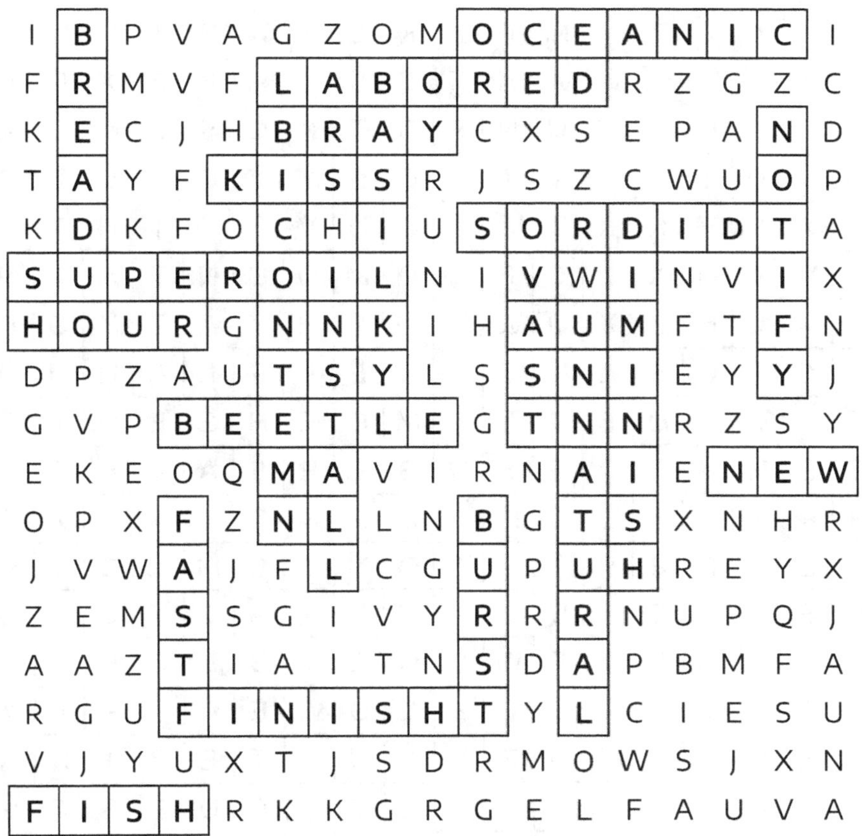

OCEANIC, KISS, BRAY, FAST, BURST, BEETLE, FINISH,
SILKY, VAST, INSTALL, FISH, LABORED, BREAD, SUPER,
CONTEMN, SORDID, NEW, UNNATURAL, HOUR,
NOTIFY, DIMINISH

R I W F Z I M P L K C T N R I H M L
A X G M R W W A T Q S I A K W X D E
R T A G T T H N F D T K O S U F O M
O N U T O U T J R Q P Y V Q F U Z P
P X F M R K Z W I Z U V E T J H T E
P M E N X L C F G D M O U N T A I N
R A L H Z X O W H M P H Y A Z Y Q B
E C I G S A M T T S E L P L A N U Q
S A G O U B P E E M D E H E E O I P
S B H V G R E E N B E R E A V E Z I
H R T E A U L M U Q H Y E Z R A Z E
U E H R R P J P C O N T E M N O I V
W E H N O T D O A T T R A C T G C Q
F D I M P T F W U Q C W D E G C A G
J I S E H Z U E F L O W E R Y R L Y
A R R N K H D R F L U T T E R I N G
V K C T C S T R E E T O E U S S C V
O D U V O P B E L L S V X H P M D Y

STREET, COMPEL, LIGHT, BEREAVE, EMPOWER,
PUMPED, QUIZZICAL, ABRUPT, FLUTTERING,
MOUNTAIN, ATTRACT, OPPRESS, CONTEMN, MACABRE,
PLAN, SUGAR, BELLS, NUT, FLOWERY, FRIGHTEN,
GOVERNMENT

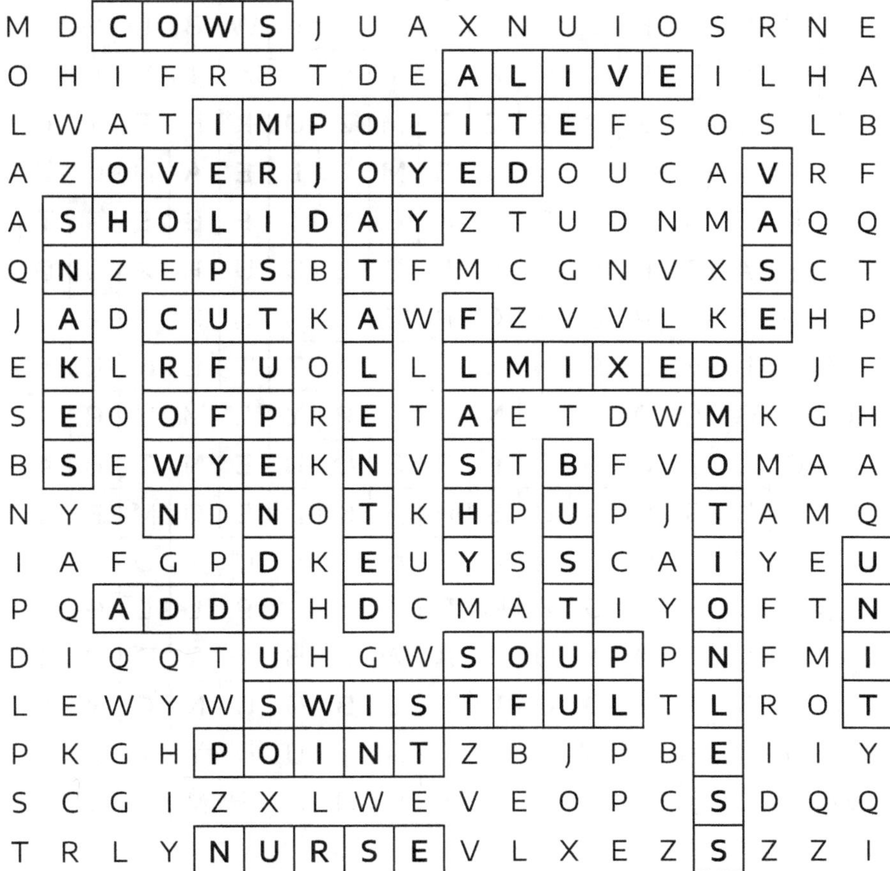

CROWN, HOLIDAY, MIXED, ALIVE, NURSE,
STUPENDOUS, WISTFUL, SNAKES, UNIT, BUST, VASE,
POINT, IMPOLITE, ADD, COWS, MOTIONLESS, SOUP,
OVERJOYED, TALENTED, FLASHY, PUFFY

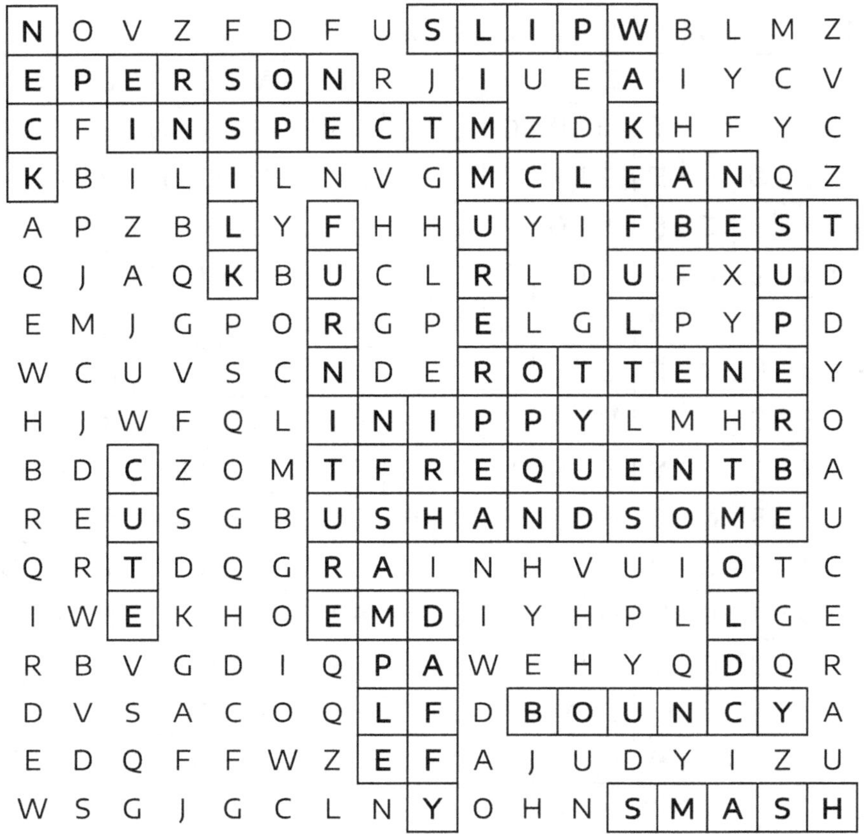

ROTTEN, BEST, HANDSOME, BOUNCY, CUTE,
FREQUENT, PERSON, SILK, SLIP, FURNITURE,
WAKEFUL, INSPECT, DAFFY, NIPPY, IMMURE, SMASH,
NECK, SUPERB, OLD, CLEAN, SAMPLE

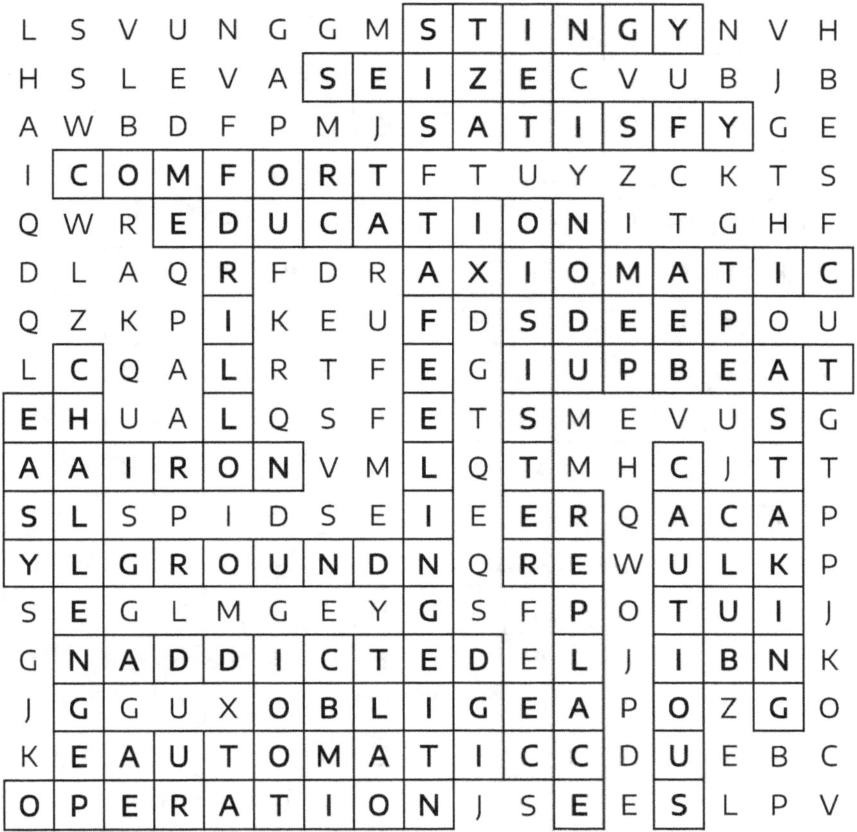

DRILL, AXIOMATIC, SISTER, STINGY, STAKING, UPBEAT, COMFORT, IRON, CLUB, OBLIGE, CAUTIOUS, REPLACE, SEIZE, CHALLENGE, FEELING, OPERATION, GROUND, ADDICTED, AUTOMATIC, DEEP, EASY, SATISFY, EDUCATION

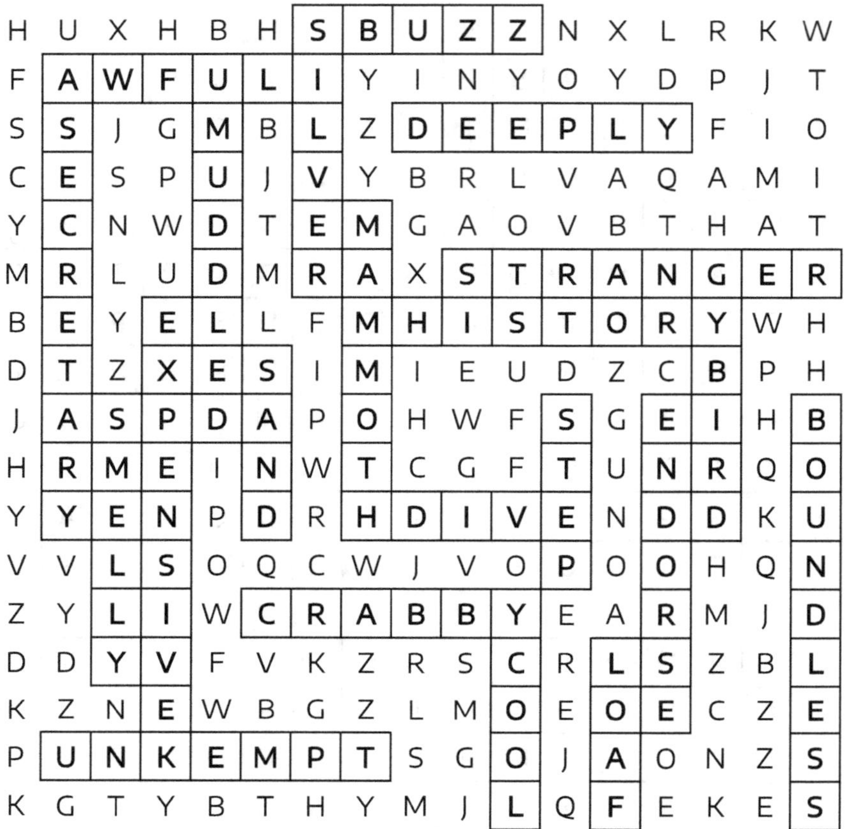

DEEPLY, HISTORY, SILVER, LOAF, CRABBY, SMELLY, ENDORSE, SECRETARY, MUDDLED, MAMMOTH, UNKEMPT, AWFUL, BUZZ, STRANGER, SAND, DIVE, BIRD, BOUNDLESS, STEP, EXPENSIVE, COOL

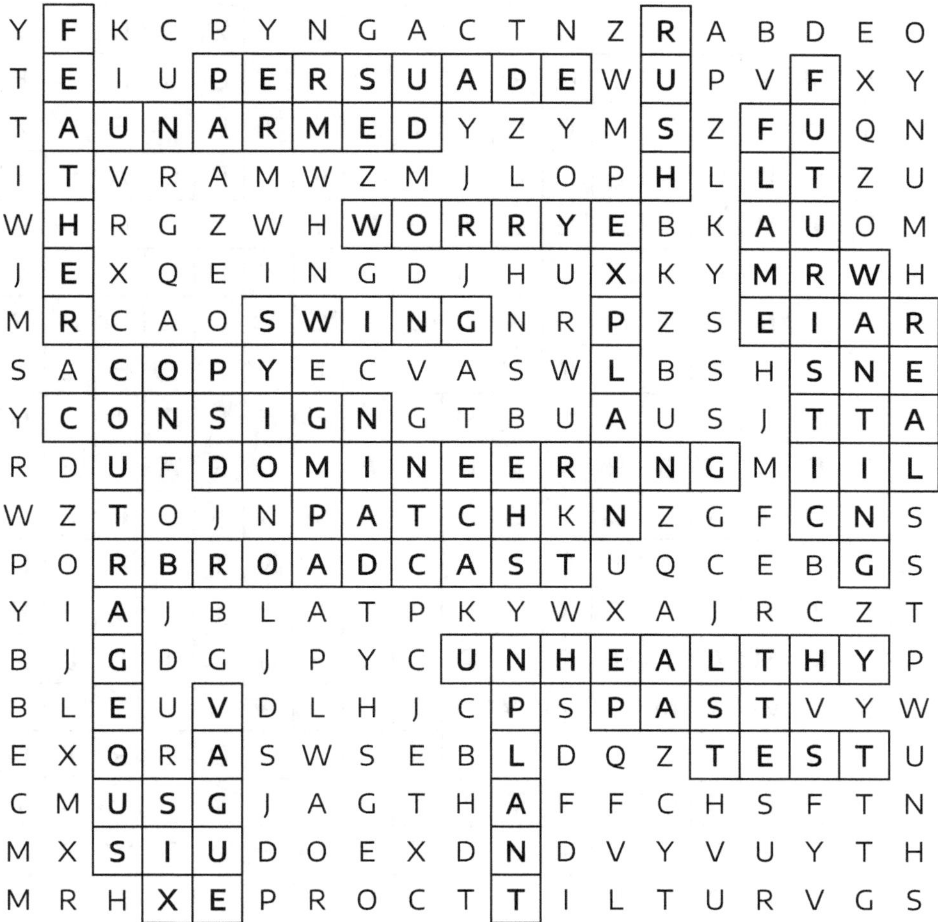

DOMINEERING, UNARMED, UNHEALTHY, SWING,
WANTING, PATCH, CONSIGN, FLAME, FEATHER, PAST,
OUTRAGEOUS, SIX, RUSH, FUTURISTIC, VAGUE,
WORRY, EXPLAIN, TEST, COPY, PLANT, PERSUADE,
BROADCAST, REAL

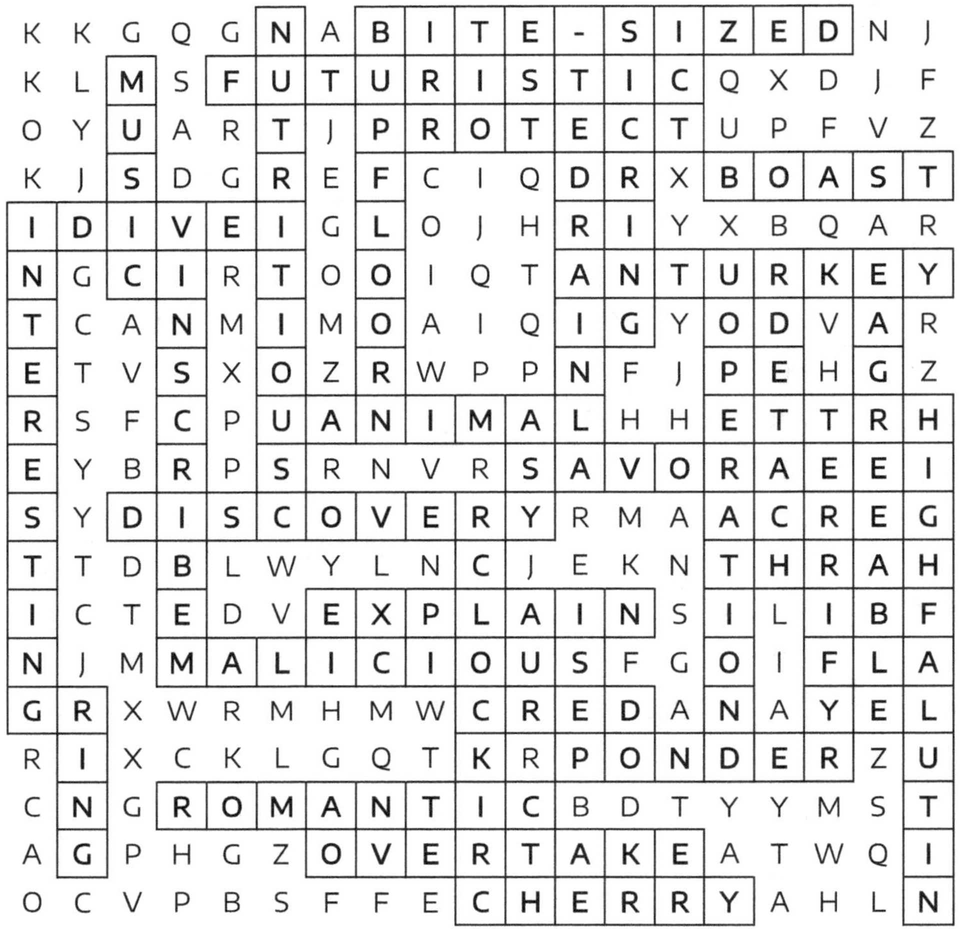

SAVOR, DISCOVERY, DETACH, DIVE, MUSIC, RING,
CLOCK, MALICIOUS, NUTRITIOUS, CHERRY, INSCRIBE,
BOAST, FUTURISTIC, ANIMAL, PROTECT, INTERESTING,
TERRIFY, DRAIN, RED, OVERTAKE, OPERATION,
FLOOR, HIGHFALUTIN, RING, AGREEABLE, BITE-SIZED,
TURKEY, PONDER, ROMANTIC, EXPLAIN

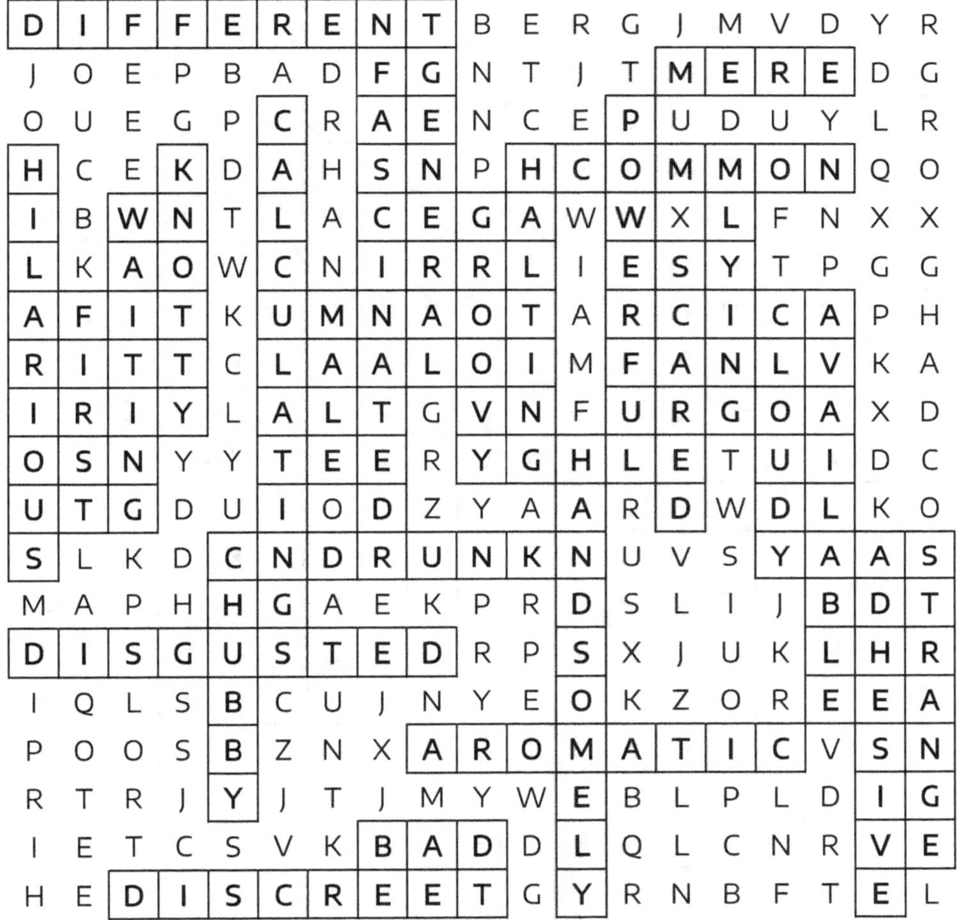

MERE, CLOUDY, DISGUSTED, BAD, ADHESIVE,
AVAILABLE, FASCINATED, STRANGE, CALCULATING,
GROOVY, POWERFUL, HILARIOUS, HANDSOMELY,
CHUBBY, FIRST, GENERAL, DISCREET, DRUNK,
HALTING, AROMATIC, DIFFERENT, LYING, WAITING,
MALE, SCARED, COMMON, KNOTTY

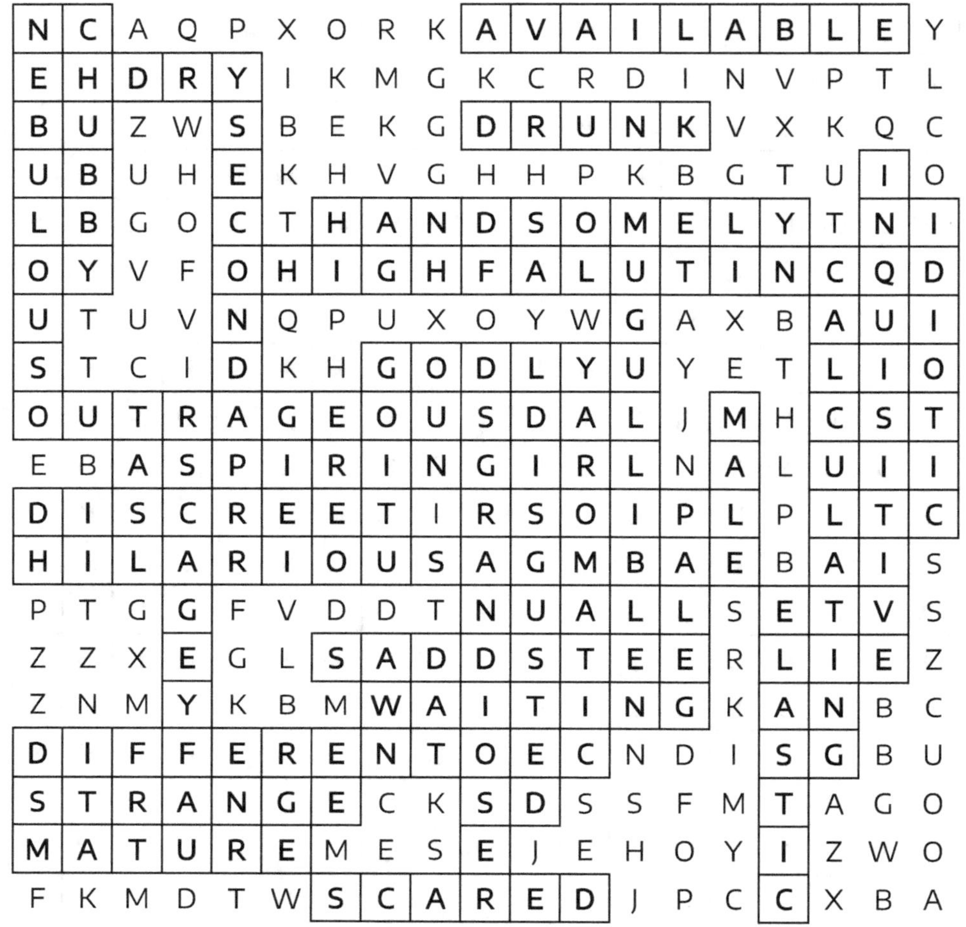

MALE, DRY, ELASTIC, WAITING, HIGHFALUTIN, GULLIBLE, DRUNK, DISGUSTED, OUTRAGEOUS, GODLY, CHUBBY, PALE, AVAILABLE, HILARIOUS, CALCULATING, STRANGE, NEBULOUS, GRANDIOSE, SCARED, DISCREET, SAD, ASPIRING, IDIOTIC, MATURE, INQUISITIVE, CAGEY, AROMATIC, SECOND, HANDSOMELY, DIFFERENT

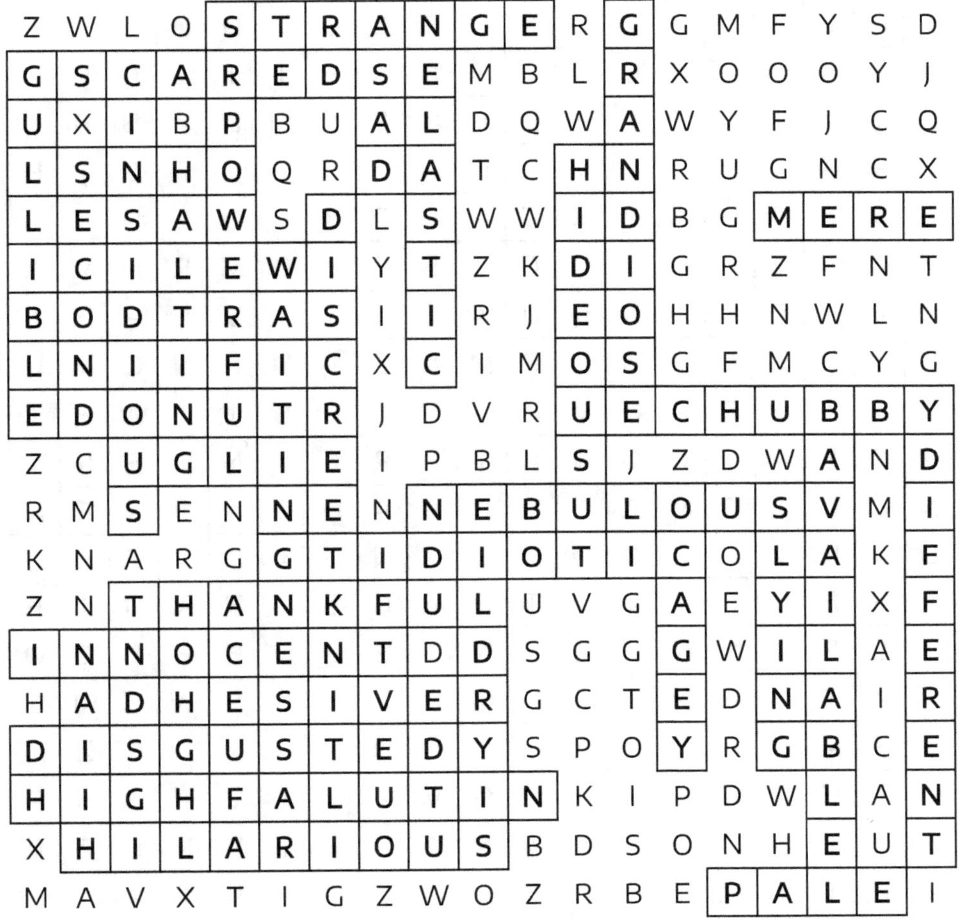

LYING, STRANGE, HALTING, SAD, HIDEOUS,
THANKFUL, DISCREET, NEBULOUS, DRY, PALE,
GRANDIOSE, POWERFUL, CHUBBY, SECOND, WAITING,
HILARIOUS, MERE, DISGUSTED, CAGEY, SCARED,
HIGHFALUTIN, AVAILABLE, ELASTIC, GULLIBLE,
ADHESIVE, IDIOTIC, INSIDIOUS, DIFFERENT,
INNOCENT

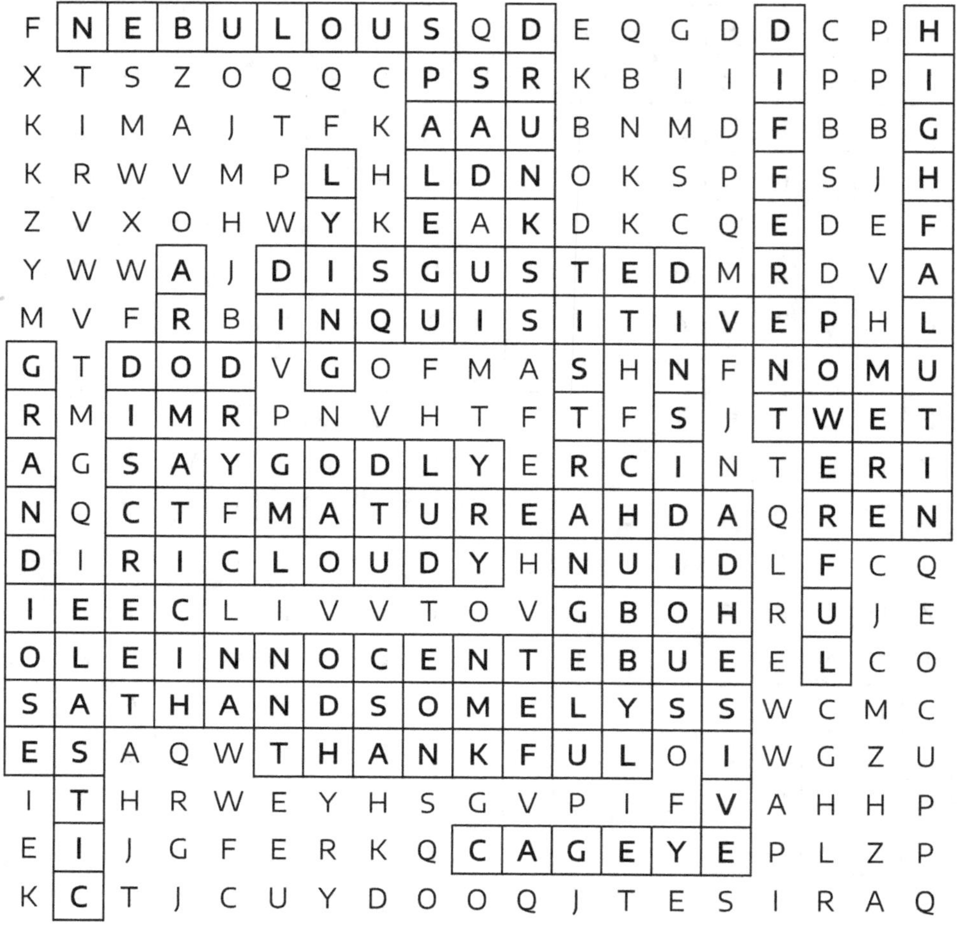

AROMATIC, DIFFERENT, MERE, DISCREET,
HIGHFALUTIN, NEBULOUS, INSIDIOUS, ADHESIVE,
DISGUSTED, HANDSOMELY, STRANGE, MATURE,
POWERFUL, PALE, ELASTIC, THANKFUL, DRY, GODLY,
GRANDIOSE, LYING, INQUISITIVE, CAGEY, CHUBBY,
CLOUDY, DRUNK, INNOCENT, SAD

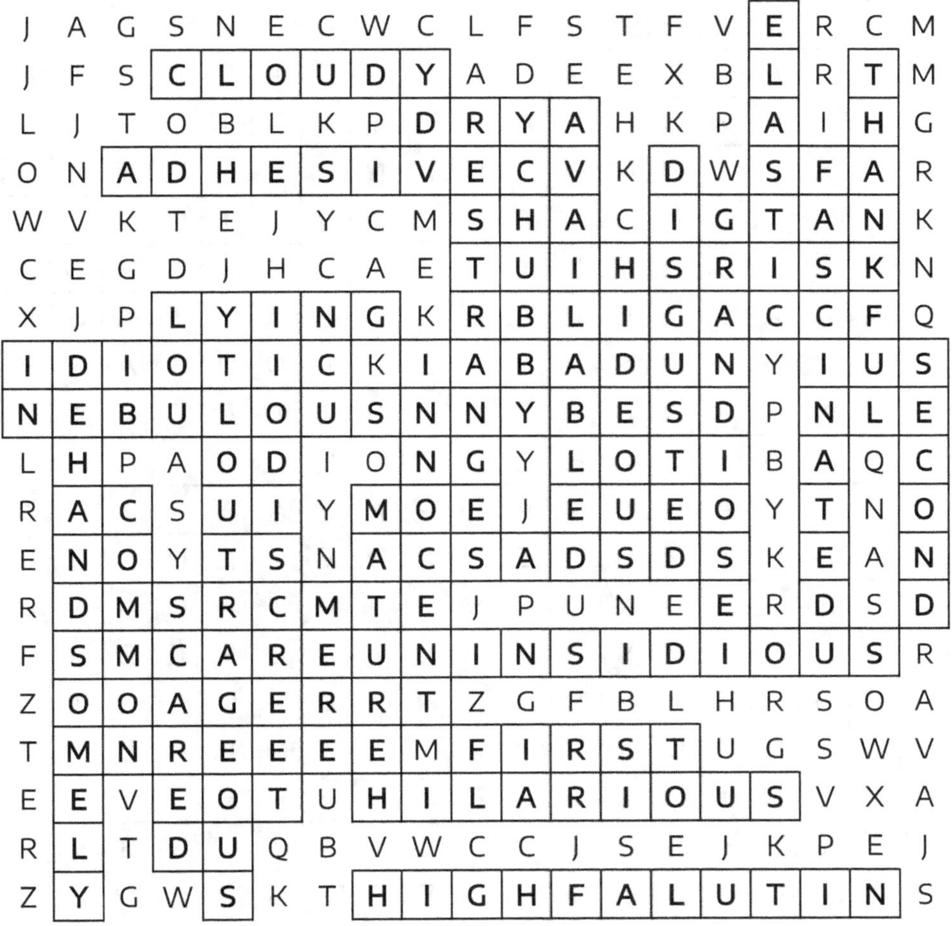

CHUBBY, INNOCENT, SCARED, SECOND, NEBULOUS,
COMMON, CLOUDY, INSIDIOUS, DISGUSTED,
OUTRAGEOUS, SAD, DRY, LYING, HANDSOMELY,
HILARIOUS, HIDEOUS, STRANGE, GRANDIOSE, IDIOTIC,
AVAILABLE, DISCREET, FIRST, ADHESIVE, MATURE,
THANKFUL, ELASTIC, FASCINATED, MERE,
HIGHFALUTIN

M	A	T	U	R	E	K	F	O	W	L	A	Q	U	J	U	Z	G	U
L	S	C	A	R	E	D	Y	C	X	D	U	Z	X	R	C	H	U	A
V	H	X	H	I	G	H	F	A	L	U	T	I	N	J	Y	K	L	S
Y	R	X	Z	B	B	M	M	G	H	A	N	D	S	O	M	E	L	Y
Z	T	Z	Z	G	K	M	H	E	G	R	A	N	D	I	O	S	E	Z
A	H	X	V	U	A	J	X	Y	J	W	A	I	T	I	N	G	W	W
F	A	N	A	X	A	C	C	A	L	C	U	L	A	T	I	N	G	K
A	N	I	D	K	S	X	A	N	E	B	U	L	O	U	S	A	S	M
N	K	N	U	A	S	P	I	R	I	N	G	J	W	P	L	V	I	R
E	F	S	D	I	S	C	R	E	E	T	A	Q	T	O	I	A	N	B
H	U	I	S	A	D	C	M	V	Z	P	X	Z	A	W	N	I	Q	T
S	L	D	D	I	S	G	U	S	T	E	D	C	Y	E	N	L	U	F
T	Y	I	H	I	D	E	O	U	S	O	I	P	J	R	O	A	I	B
R	N	O	F	I	R	S	T	G	M	L	L	A	U	F	C	B	S	D
A	H	U	D	I	F	F	E	R	E	N	T	L	L	U	E	L	I	A
N	M	S	G	O	D	L	Y	O	R	M	G	E	M	L	N	E	T	P
G	U	L	L	I	B	L	E	U	E	A	S	F	R	F	T	O	I	Z
E	J	G	B	E	G	R	Q	H	I	L	A	R	I	O	U	S	V	M
V	N	I	D	I	O	T	I	C	F	E	B	C	U	Z	G	W	E	O

CALCULATING, PALE, IDIOTIC, MATURE, MERE,
WAITING, HILARIOUS, SCARED, GODLY, STRANGE,
MALE, INNOCENT, DISGUSTED, NEBULOUS, CAGEY,
DISCREET, HIDEOUS, HIGHFALUTIN, AVAILABLE,
THANKFUL, INSIDIOUS, FIRST, HANDSOMELY,
GULLIBLE, SAD, INQUISITIVE, POWERFUL, DIFFERENT,
ASPIRING, GRANDIOSE

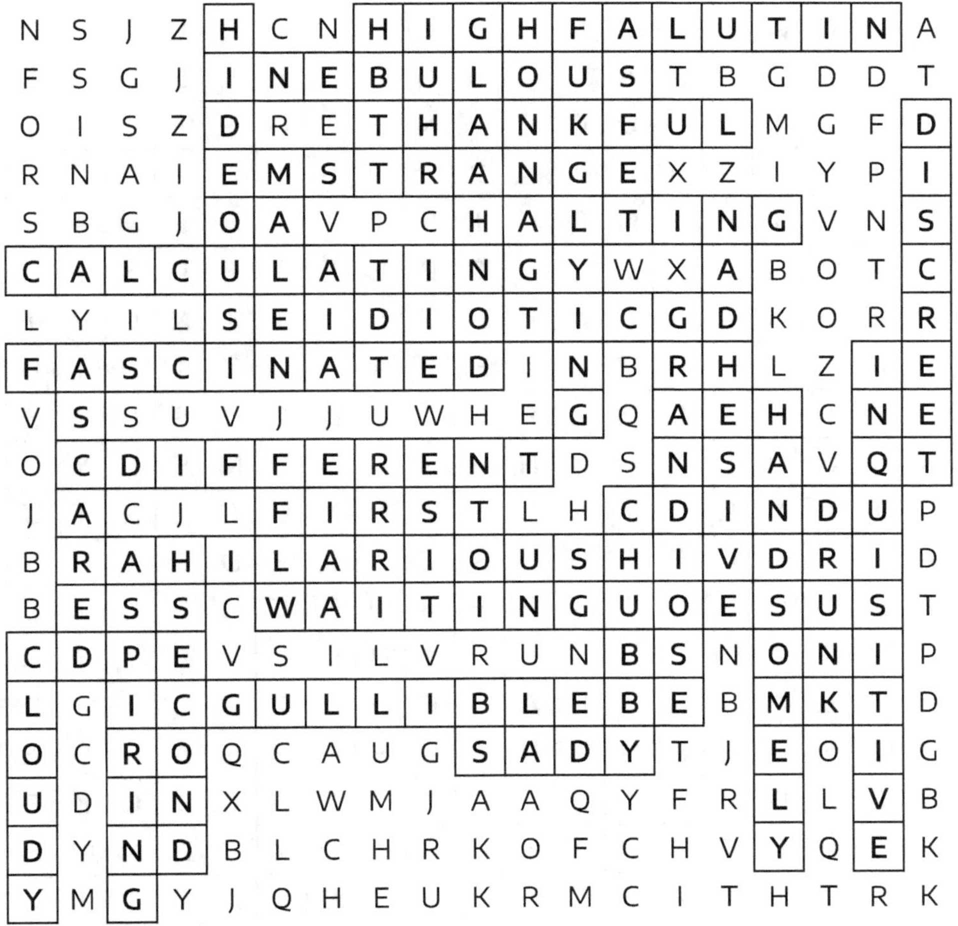

LYING, DIFFERENT, DRUNK, SCARED, HILARIOUS, FASCINATED, GULLIBLE, FIRST, ADHESIVE, GRANDIOSE, CALCULATING, HIGHFALUTIN, CLOUDY, THANKFUL, DISCREET, CHUBBY, SECOND, INQUISITIVE, HANDSOMELY, ASPIRING, HIDEOUS, NEBULOUS, HALTING, SAD, STRANGE, WAITING, MALE, IDIOTIC

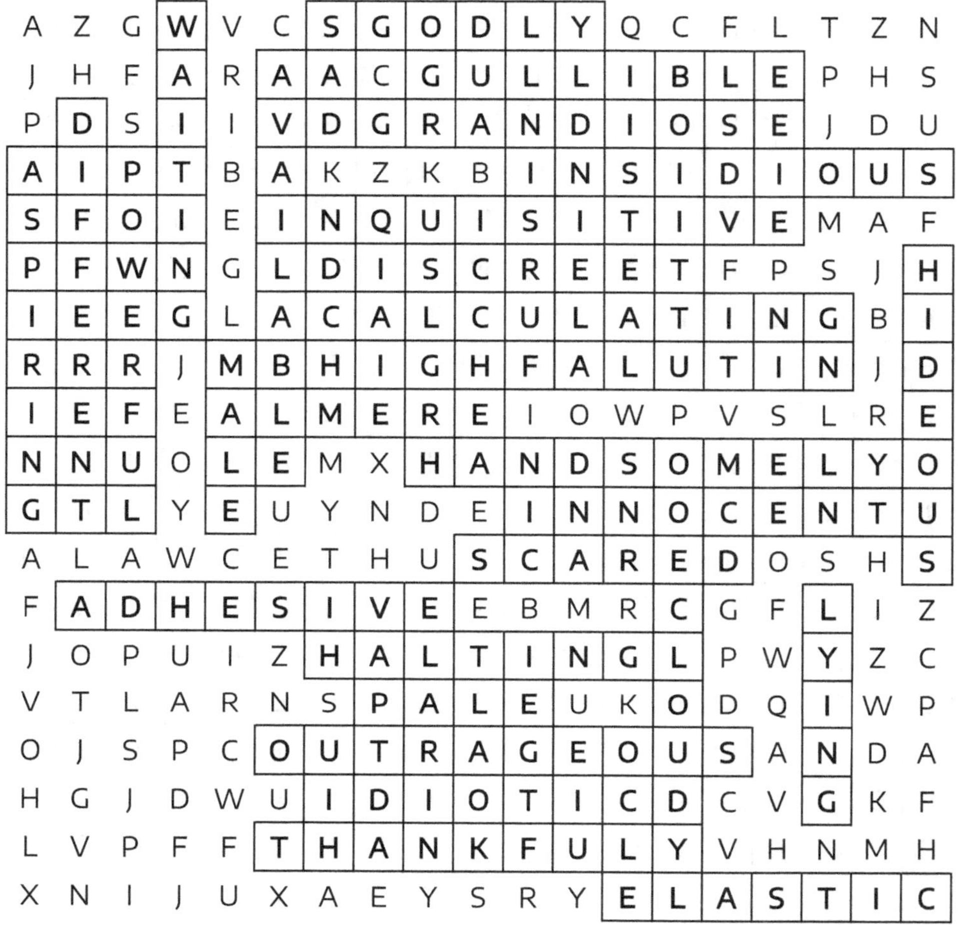

INNOCENT, ADHESIVE, ASPIRING, CALCULATING, HIDEOUS, SCARED, GODLY, THANKFUL, INQUISITIVE, DISCREET, MALE, HANDSOMELY, HALTING, OUTRAGEOUS, HIGHFALUTIN, POWERFUL, WAITING, DIFFERENT, GULLIBLE, PALE, ELASTIC, MERE, LYING, AVAILABLE, CLOUDY, INSIDIOUS, IDIOTIC, SAD, GRANDIOSE

H P I B G X E Y H F F W A I T I N G O
S I N M B G X Y I A D G S T R A N G E
G N Q J G Z S M G S I C W V B K W W G
A N U D M A L E H C S O P G O R R S M
A O I W N U Y L F I G M A B R F L N T
C C S D B G W H A N U M L M H H L O Z
C E I F M U Y D L A S O E R G A T C V
X N T J A L A R U T T N U L N N P L M
Z T I D T L P U T E E A W Y W D O I E
A B V I U I T N I D D L G I D S W M R
L L E F R B U K N F B I U N R O E F E
T U A F E L C F I R S T C G Y M R L T
Z F G E A E L A S P I R I N G E F P Y
M N T R R G O D I S C R E E T L U P F
Z E S E M U U D H A L T I N G Y L A T
G U Y N F A D P X G S E C O N D A K
P I A T O S Y T H I L A R I O U S O H
P K K M H E A D H E S I V E P D L T O
X Z J T D E L I G H T F U L J D S B P

MALE, FASCINATED, CLOUDY, SECOND, POWERFUL, INQUISITIVE, ASPIRING, HIGHFALUTIN, HANDSOMELY, DISGUSTED, ADHESIVE, HILARIOUS, STRANGE, PALE, DIFFERENT, DELIGHTFUL, WAITING, HALTING, INNOCENT, COMMON, DRY, DISCREET, LYING, MATURE, MERE, DRUNK, GULLIBLE, FIRST

S N B **W** P E F J Z G H **M A T U R E G O**
A Q P **A** K V **I N Q U I S I T I V E** U U
O U O **I** D G K B **I D I O T I C** Z Y L T
D G N **T** N **T H A N K F U L** U S Z B L R
S S B **I** S Z **H A N D S O M E L Y** A I A
D B Y **N** X **S T R A N G E** O L N R **M** B G
R R P **G** **F A S C I N A T E D** Z B **A** L E
R **H** V **G R A N D I O S E** B X N K **L** E O
L **I** H **D E O U S** V W H O G W **E** B U
G **G** K F **G** A F **A** E M Q **P A L E** J N C S
U **H** L B **O** K **H** R C B **D I S G U S T E D**
X **F** B M **D** V **A** O **O H I L A R I O U S** F
O **A** C A **L** P **L** M N **I** F L Q M U X N Z U
C **L** D R **Y** V **T** A D M **F** **P O W E R F U L**
L U A **S A D** I **T** A W **E** **L** T Q Q Q W K Q
O T U Z I U **N** I T R **R** **Y** P D T **M** S E D
U I U C M H **G** **C** L F **E** **I** G F B **E** B R W
D **N** E **C H U B B Y** K **N** **N** B H X **R** I A J
Y I T **I N N O C E N T** G X U G **E** Q Q N

CLOUDY, FASCINATED, THANKFUL, DIFFERENT,
AROMATIC, INQUISITIVE, POWERFUL, DISGUSTED,
INNOCENT, HIGHFALUTIN, CHUBBY, MALE, SECOND,
GRANDIOSE, HANDSOMELY, SAD, HIDEOUS, HALTING,
OUTRAGEOUS, HILARIOUS, MERE, GODLY, PALE,
IDIOTIC, WAITING, GULLIBLE, MATURE, STRANGE,
LYING

F W W A N P A D H I D E O U S T I L K
N L L S E A H A N D S O M E L Y N M H
K B C P M R S C A R E D F Y V A Q T W
L A T I A C D K G I D I O T I C U M U
B V C R I O U T R A G E O U S U I A B
C A Q I H F K D A S H G O D L Y S T I
A I T N A J T G N E B U L O U S I U I
L L A G L B C E D D I S C R E E T R N
C A K F T H H X I S E M A L E H I E S
U B K Y I Q U P O W E R F U L I V I I
L L X D N T B E S J C V V P J N E U D
A E L K G I B D E U L Z S A N N Z D I
T M E R E F Y R I E O M K L E O J F O
I U C E S I S U H K U E Y E W C E S U
N O A S T R L N H K D V K A I E I S S
G G G P M S Y K N U Y K M M V N B M Q
P R E I L T Y D F A S C I N A T E D P
J W Y Y W A I T I N G J T N E V L C Y
H Z T H A N K F U L E I F J K R M J Q

MERE, THANKFUL, MATURE, CAGEY, NEBULOUS,
WAITING, FASCINATED, GRANDIOSE, AVAILABLE,
CHUBBY, DISCREET, HALTING, INQUISITIVE, HIDEOUS,
POWERFUL, OUTRAGEOUS, SCARED, HANDSOMELY,
FIRST, INSIDIOUS, INNOCENT, CLOUDY, DRUNK,
ASPIRING, CALCULATING, IDIOTIC, PALE, MALE, GODLY

GULLIBLE, STRANGE, CLOUDY, AVAILABLE,
THANKFUL, POWERFUL, IDIOTIC, HALTING, MATURE,
HILARIOUS, MALE, INSIDIOUS, CHUBBY, FASCINATED,
FIRST, ELASTIC, PALE, ADHESIVE, GODLY, DISCREET,
CAGEY, LYING, MERE, NEBULOUS, WAITING, DRUNK,
SCARED, HANDSOMELY, ASPIRING

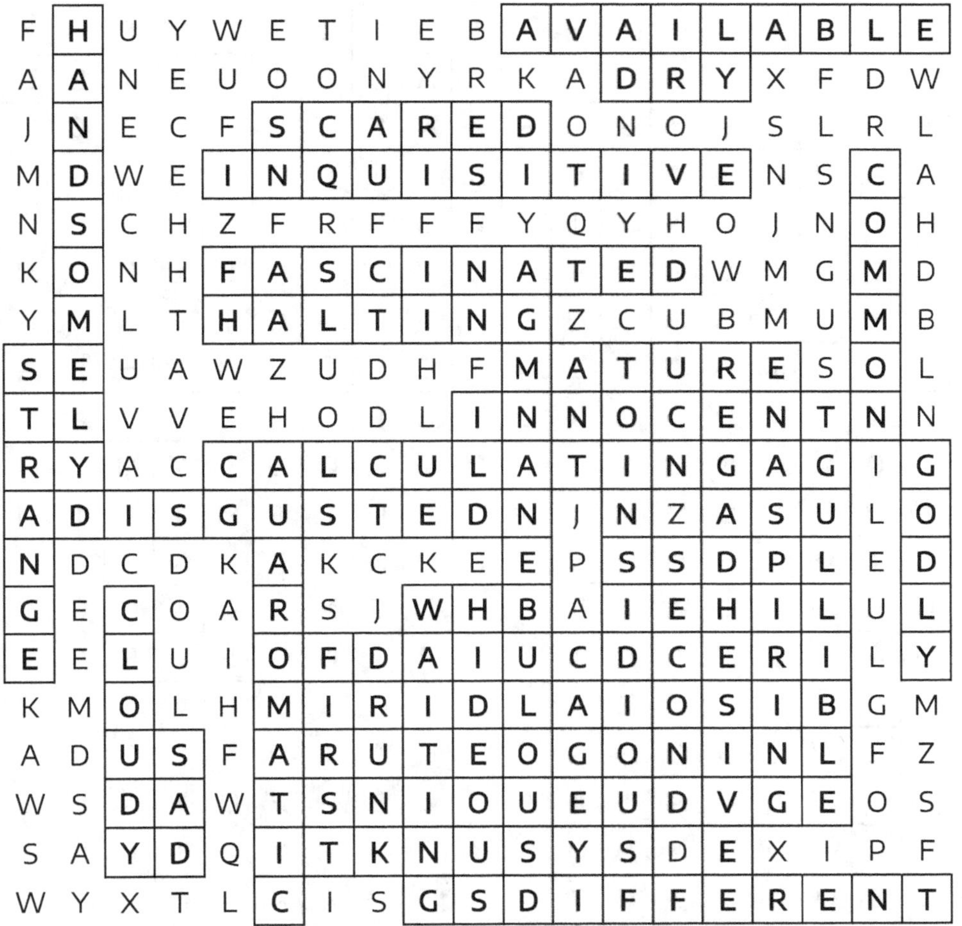

AROMATIC, ASPIRING, DRY, CALCULATING, GULLIBLE, NEBULOUS, WAITING, HALTING, CLOUDY, INNOCENT, GODLY, COMMON, SAD, STRANGE, SCARED, ADHESIVE, INQUISITIVE, CAGEY, AVAILABLE, DISGUSTED, DRUNK, FIRST, HIDEOUS, HANDSOMELY, FASCINATED, INSIDIOUS, DIFFERENT, SECOND, MATURE

S F I S N W A I T I N G E T A I F F X
D K N H L D R V R F A S C I N A T E D
E B Q V K Z S T R A N G E V F L W C T
L D U E Q A S P I R I N G D I A O A Y
I N I L I N H I D E O U S I R F O L S
G Q S A D R U N K C V W E U S M F C M
H K I S H M J H A L T I N G T I W U B
T V T T U A C D U O C H U B B Y H L A
F I I I D L A K G U L L I B L E T A R
U O V C N E M P W D G R O O V Y M T O
L U E C O M M O N Y E D X S M I A I M
Q T D I S G U S T E D N P P C N T N A
U R T P O W E R F U L S X K D N U G T
Q A S V V A H I L A R I O U S O R C I
P G D K E G R A N D I O S E F C E M C
E E W Q S C A R E D H W T D R E G R A
A O Z A V A I L A B L E P F Q N N A L
Q U W D R Y L O B X R Y M Y A T A L L
D S O D I S C R E E T H B R R D V Y W

SCARED, MALE, FASCINATED, HIDEOUS, WAITING,
CLOUDY, POWERFUL, OUTRAGEOUS, GULLIBLE, FIRST,
STRANGE, CALCULATING, CHUBBY, GRANDIOSE,
COMMON, ASPIRING, DISCREET, DRY, MATURE,
AVAILABLE, DISGUSTED, INQUISITIVE, HILARIOUS,
GROOVY, HALTING, DELIGHTFUL, AROMATIC,
INNOCENT, ELASTIC, DRUNK

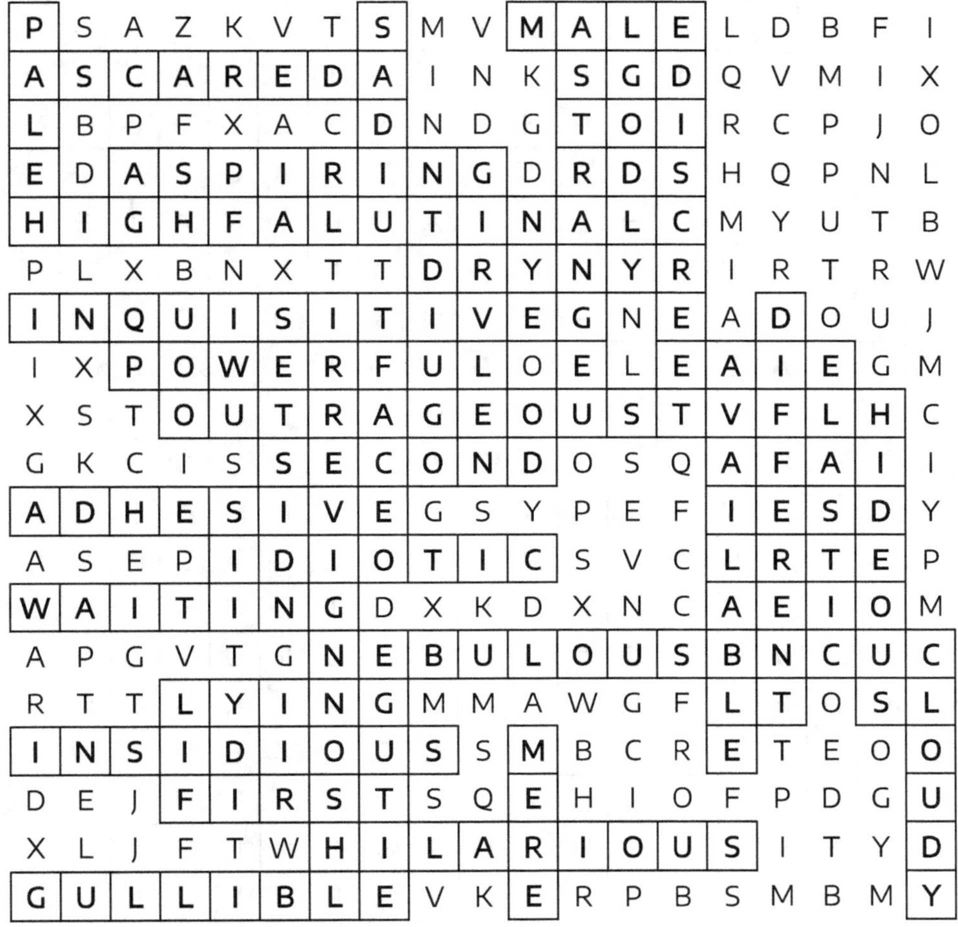

STRANGE, INSIDIOUS, GODLY, GULLIBLE, SCARED,
ASPIRING, ADHESIVE, HILARIOUS, DISCREET, SECOND,
NEBULOUS, POWERFUL, IDIOTIC, HIGHFALUTIN,
FIRST, LYING, DIFFERENT, ELASTIC, SAD, CLOUDY,
OUTRAGEOUS, DRY, WAITING, INQUISITIVE, MALE,
AVAILABLE, PALE, HIDEOUS, MERE

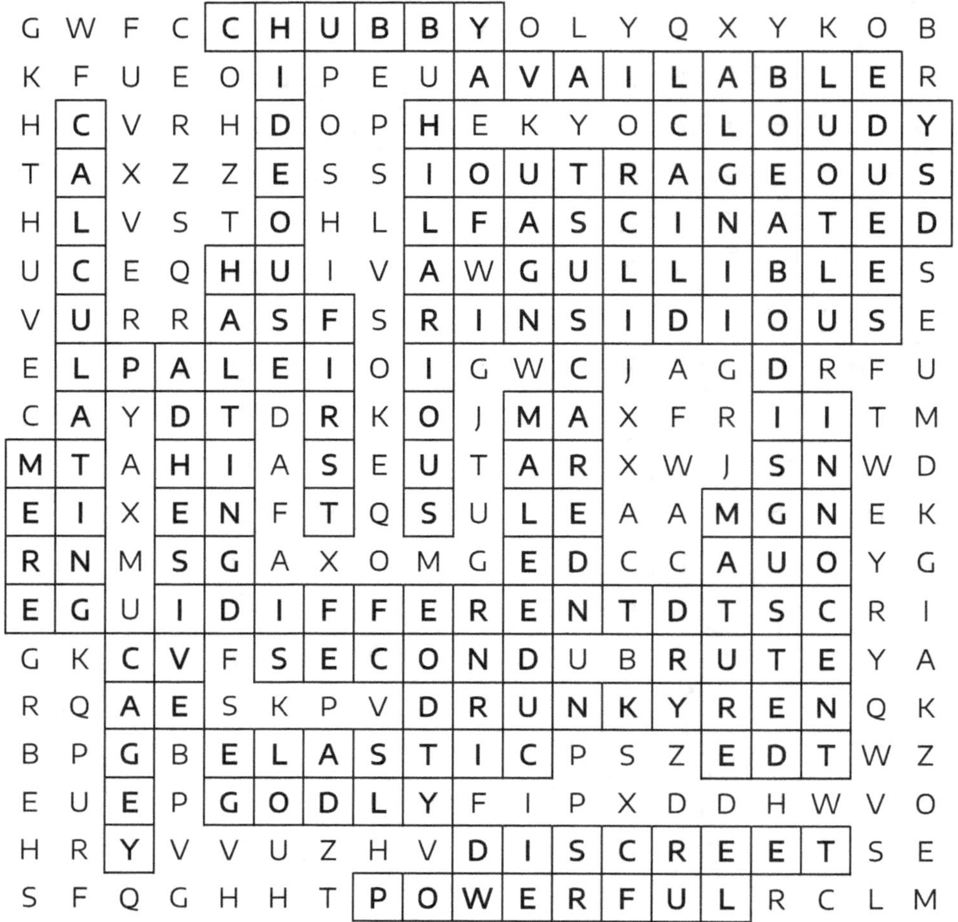

DISCREET, DRY, ELASTIC, CHUBBY, SECOND, FIRST,
OUTRAGEOUS, CLOUDY, ADHESIVE, MALE, SCARED,
DIFFERENT, MERE, CAGEY, INSIDIOUS, POWERFUL,
HILARIOUS, DISGUSTED, INNOCENT, HALTING, DRUNK,
CALCULATING, HIDEOUS, GODLY, GULLIBLE, MATURE,
FASCINATED, PALE, AVAILABLE

P S W B K U A M H G A R R U L O U S F
A C Y O B E L U A R T S E C O N D V W
V L A C A L C U L A T I N G U B N Y Z
U O B Z I E S M T E K I D I O T I C O
Z U U Z N Z B I I R G H S E O D C V Y
B D H E W P O D N Y V Z C N W Y I I H
G Y P J L Y I N G M O Z A Y C K V N I
F A S C I N A T E D J A R D O S X N L
T T B P N S R C A G E Y E I M F W O A
W F G O S T D R U N K S D F M H O C R
A Z E W I R Q G R O O V Y F O T U E I
I I W E D A L A C I D M T E N D T N O
T Y O R I N G E N E R A L R X X R T U
I U D F O G J R K X X L M E G C A L S
N N S U U E C M E R E E U N L H G F N
G H O L S R P R J B U T R T O U E U S
D F H I G H F A L U T I N F D B O W L
K F I R S T X V H A R M L Z G B U O P
X K G U L L I B L E C X X G I Y S L L

COMMON, INSIDIOUS, HIGHFALUTIN, LYING,
HILARIOUS, SCARED, INNOCENT, FIRST, HALTING,
WAITING, MALE, FASCINATED, CHUBBY, GULLIBLE,
GROOVY, GARRULOUS, STRANGE, CALCULATING,
SECOND, DIFFERENT, GENERAL, CAGEY, CLOUDY,
OUTRAGEOUS, MERE, ACID, POWERFUL, IDIOTIC,
DRUNK

Z Z G C Z D A J **C O M M O N** S Z K O D
C A **I** A H W H O E **G O D L Y** G C E G U
M Z **D T** B L D I D **I H I L A R I O U S**
N M **I H** D Z E R R **H A L T I N G** X E K
O A O A R W W D Y G G H N **C L O U D Y**
U V T N L Y I N G K R J T G Y G S I Q
T A I K Q E **C A L C U L A T I N G D** P
R I C F W **L A D I S C R E E T D A R** C
A L E U N **A** G B S **T R A N G E I** I **U** B
G A M L E S **E** K H **H I D E O U S** F **N** Z
E B P S N **T Y** J Z T **N** V A W A G P **K** M
O L J B D **I** T H X F **S N R A D U** Z H Z
U E I N O **C** U P T B **I E O I H S** S W P
S G U L L I B L E V **D B M T E T F** H C
F A S C I N A T E D I **U A I S E I** C G
Z N U Z L T D U R M **O L T N I D R** V K
K Z Z **S A D** R S I K **U O I G V Y S** F S
D E L I G H T F U L S U C Z E E T C D
I N Q U I S I T I V E S V D T Z N T Z

DRY, DISGUSTED, STRANGE, INSIDIOUS, THANKFUL,
DELIGHTFUL, DRUNK, AVAILABLE, GULLIBLE, CLOUDY,
LYING, HIDEOUS, NEBULOUS, FIRST, HALTING,
COMMON, DISCREET, INQUISITIVE, HILARIOUS,
IDIOTIC, CALCULATING, FASCINATED, WAITING, SAD,
OUTRAGEOUS, GODLY, AROMATIC, ADHESIVE,
ELASTIC, CAGEY

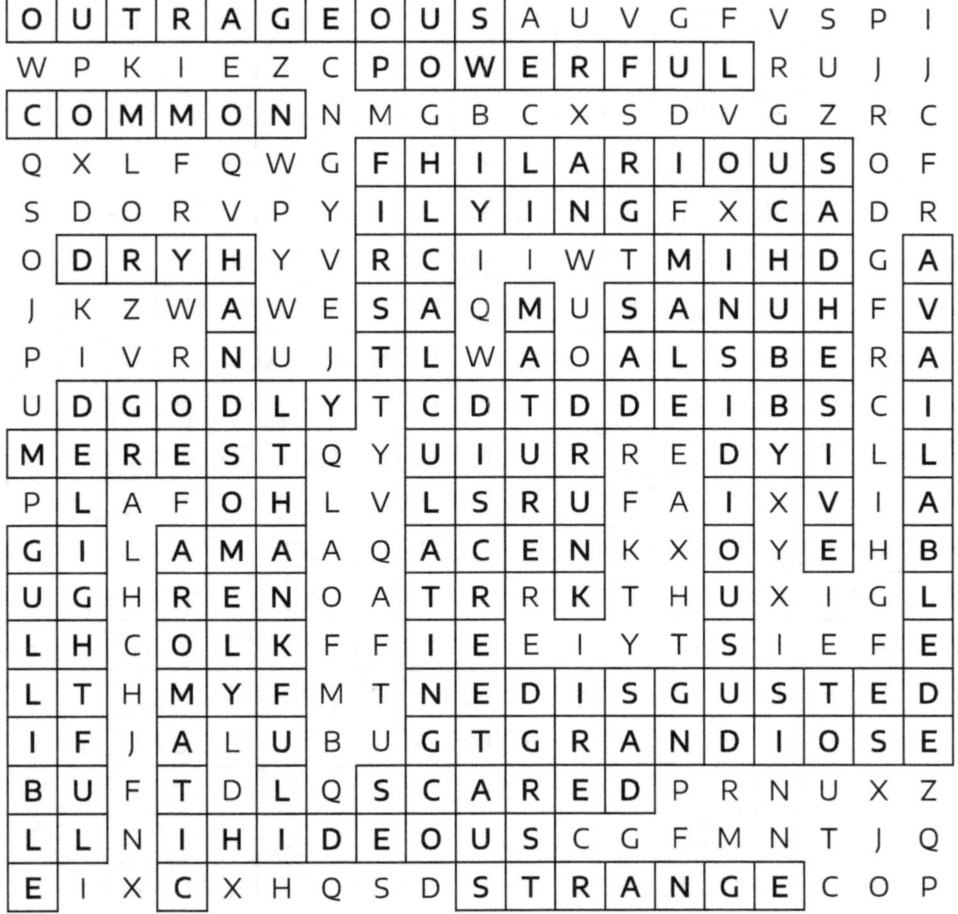

COMMON, DRUNK, FIRST, HILARIOUS, AVAILABLE,
HANDSOMELY, DISCREET, DELIGHTFUL, DISGUSTED,
MALE, AROMATIC, CALCULATING, HIDEOUS,
OUTRAGEOUS, GODLY, MERE, ADHESIVE, POWERFUL,
INSIDIOUS, GULLIBLE, SCARED, THANKFUL,
GRANDIOSE, CHUBBY, MATURE, STRANGE, LYING, DRY,
SAD

B	O	C	O	U	T	R	A	G	E	O	U	S	K	V	T	U	L	X
O	H	A	L	T	I	N	G	C	H	U	V	L	G	U	E	L	B	K
A	W	C	H	I	L	A	R	I	O	U	S	O	Y	D	I	S	W	
F	L	Y	I	N	G	K	D	E	W	F	Y	O	D	F	O	Y	P	Y
Y	B	S	M	E	R	E	J	A	L	P	J	R	L	L	X	X	H	J
I	D	I	O	T	I	C	F	G	Q	U	R	L	Y	Z	L	Y	H	D
Z	L	A	C	W	O	H	I	L	A	H	D	M	A	T	U	R	E	N
D	V	O	A	E	P	I	R	J	N	G	R	A	N	D	I	O	S	E
U	P	D	L	G	V	G	S	E	C	R	Y	A	J	K	Y	Z	P	B
S	A	T	C	G	G	H	T	P	M	A	L	E	P	W	Q	S	R	U
T	L	H	U	G	A	F	C	L	O	U	D	Y	K	H	V	Q	Q	L
R	E	A	L	U	V	A	K	A	C	H	U	B	B	Y	A	U	S	O
A	B	N	A	L	A	L	O	D	C	K	O	F	Z	E	H	D	A	U
N	R	K	T	L	I	U	J	H	T	E	L	A	S	T	I	C	D	S
G	O	F	I	I	L	T	K	E	A	S	P	I	R	I	N	G	Q	I
E	M	U	N	B	A	I	R	S	M	F	J	Y	C	A	G	E	Y	C
K	X	L	G	L	B	N	N	I	N	S	I	D	I	O	U	S	N	O
O	D	G	L	E	L	N	I	V	P	O	W	E	R	F	U	L	C	T
A	X	V	K	D	E	D	S	E	C	W	A	I	T	I	N	G	I	V

DRY, SAD, HIGHFALUTIN, HALTING, GRANDIOSE,
ASPIRING, MATURE, ELASTIC, OUTRAGEOUS, MALE,
CHUBBY, FIRST, THANKFUL, STRANGE, AVAILABLE,
GODLY, HILARIOUS, LYING, PALE, CLOUDY,
POWERFUL, IDIOTIC, INSIDIOUS, CALCULATING,
CAGEY, MERE, NEBULOUS, GULLIBLE, ADHESIVE,
WAITING

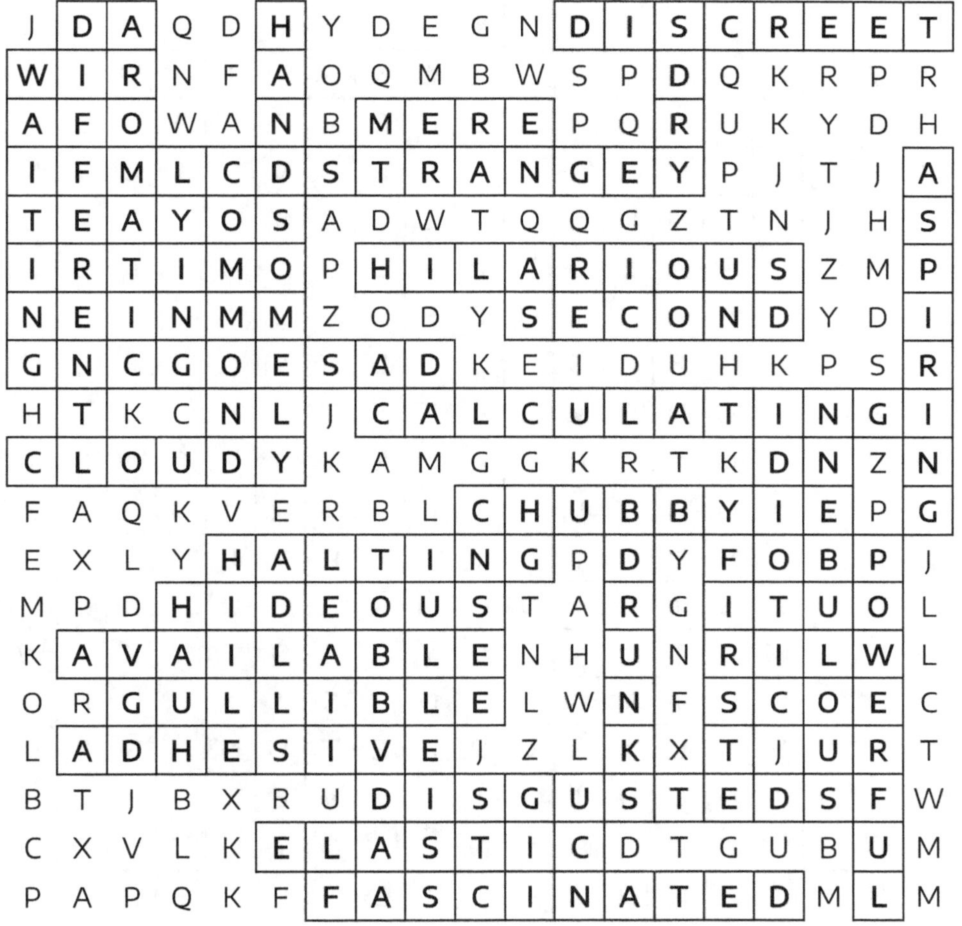

WAITING, COMMON, FASCINATED, SECOND,
HILARIOUS, ADHESIVE, DISGUSTED, DISCREET,
DIFFERENT, HALTING, CALCULATING, NEBULOUS,
POWERFUL, CHUBBY, HIDEOUS, GULLIBLE, CLOUDY,
SAD, MERE, HANDSOMELY, DRUNK, AROMATIC, FIRST,
ASPIRING, AVAILABLE, LYING, ELASTIC, DRY,
STRANGE, IDIOTIC

G A F H C L O U D Y E H L H M H N D L
E V N A M E R E F X G N S J J W M H Y
B A M L O L U H H O U E A C B A N S I
Z I J T U M Y A I C L B D V N I D Y N
X L B I T M U N D A L U Z V S T B G G
N A O N R A S D E L I L E Q H I R C F
S B F G A L C S O C B O E U I N A Q Z
E L T L G E A O U U L U X F G G E Q U
C E P O E U R M S L E S N E H T N J M
O B K A O F E E C A G E Y V F G W Q T
N G C A U W D L S T C S T R A N G E B
D F I R S T V Y Y I I L D P L U O T W
A D H E S I V E U N M K X C U P D H H
N U C M A T U R E G Y F S Q T U R A W
D N H Q H I L A R I O U S I I G U N R
O Q U V A D I S C R E E T E N H N K U
M G B I N Q U I S I T I V E T B K F K
I C B E U D Q C I N S I D I O U S U P
B B Y I N N O C E N T L X K S B R L W

CALCULATING, OUTRAGEOUS, WAITING, STRANGE,
THANKFUL, ADHESIVE, AVAILABLE, NEBULOUS,
INSIDIOUS, DRUNK, HIGHFALUTIN, CLOUDY, CHUBBY,
HANDSOMELY, CAGEY, HILARIOUS, MALE, SECOND,
HALTING, DISCREET, MERE, SCARED, GULLIBLE, LYING,
MATURE, HIDEOUS, INNOCENT, INQUISITIVE, SAD,
FIRST

A T H K H E D K L H A N D S O M E L Y
V F A R I L I S N P D D C L O U D Y F
A D L T L A S C Q C R F O O I I B X C
I O T T A S C A Q D Y E J X N B S J H
L B I D R T R G S D I S G U S T E D I
A Q N R I I E E T I D O U L I H D M G
B Y G U O C E Y R H M O U N D A B A H
L T A N J T H A N K F U L I D M L F
E N S K S H N Q N G Y E X Y O H Z E A
P N C O M M O N G U F A O J U E P V L
S E C O N D W Z E D C A C G S S A K U
T M H I D E O U S I F R S R M I L M T
Q E Q Y G O D L Y F Q O A A W V E N I
W R N P X A O I Z F U M D N H E A T N
R E H U W U R G B E H A T D C L P D P
N Z Z I T B I A G R A T E I B D X D Q
S P O W E R F U L E R I D O F Y X B Y
C A L C U L A T I N G C W S V H Q A W
P M I N Q U I S I T I V E E V O N R O

DIFFERENT, HILARIOUS, MERE, HIGHFALUTIN, STRANGE, ADHESIVE, THANKFUL, INSIDIOUS, HALTING, DRY, SECOND, GODLY, GRANDIOSE, PALE, CLOUDY, ELASTIC, DISCREET, INQUISITIVE, COMMON, HANDSOMELY, MALE, CALCULATING, POWERFUL, CAGEY, DISGUSTED, HIDEOUS, DRUNK, AROMATIC, SAD, AVAILABLE

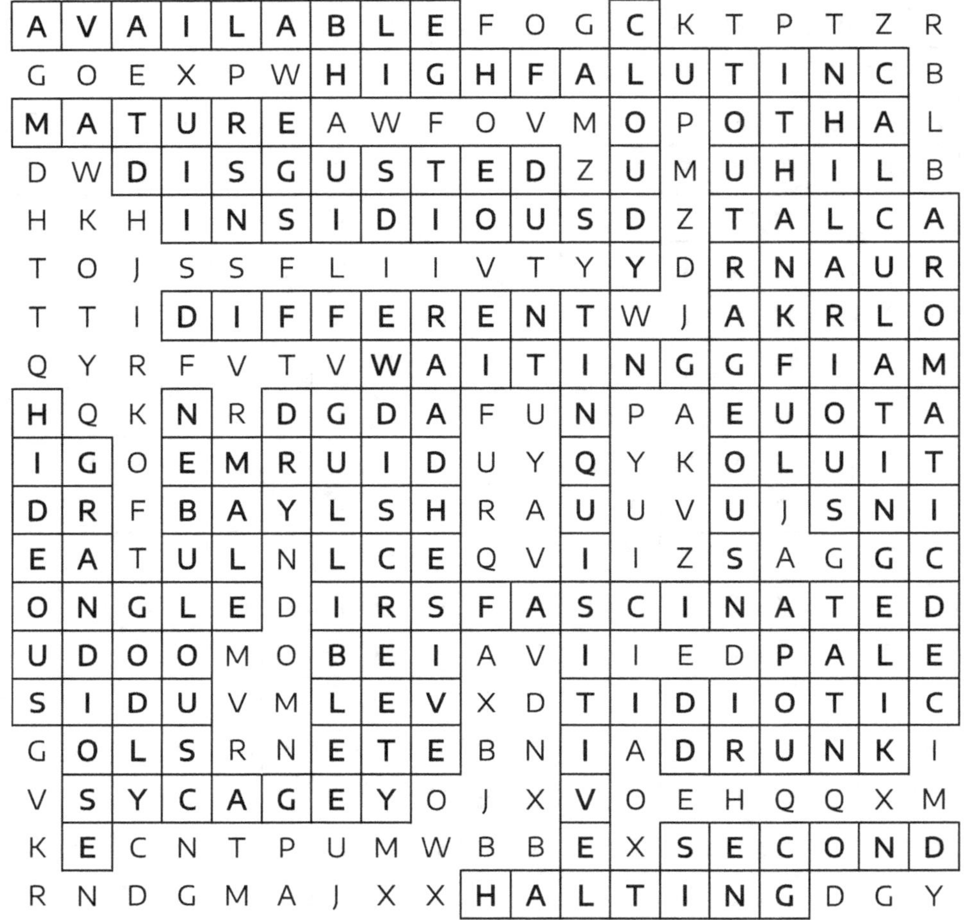

ADHESIVE, CLOUDY, HALTING, INQUISITIVE,
HIGHFALUTIN, IDIOTIC, HIDEOUS, FASCINATED, MALE,
THANKFUL, CALCULATING, GODLY, WAITING,
DIFFERENT, PALE, DRUNK, DRY, SECOND, CAGEY,
AROMATIC, OUTRAGEOUS, INSIDIOUS, GRANDIOSE,
AVAILABLE, MATURE, DISGUSTED, GULLIBLE,
NEBULOUS, HILARIOUS, DISCREET

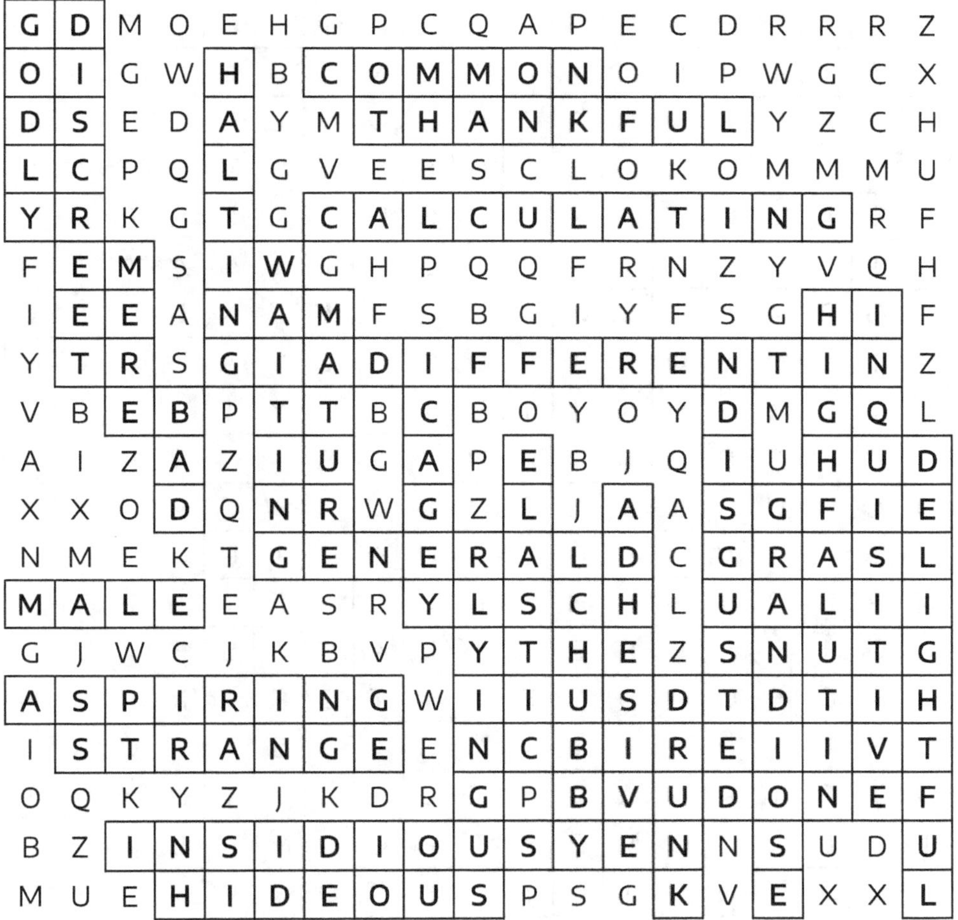

BAD, HALTING, DIFFERENT, CHUBBY, GODLY,
THANKFUL, COMMON, DRUNK, INSIDIOUS, MERE,
ASPIRING, STRANGE, MALE, ADHESIVE, GRANDIOSE,
DELIGHTFUL, WAITING, DISGUSTED, GENERAL,
CALCULATING, HIGHFALUTIN, DISCREET, INQUISITIVE,
ELASTIC, CAGEY, LYING, MATURE, HIDEOUS

V F A X H I G H F A L U T I N Q P B X
U J V Q Z H H Y P J G N E B U L O U S
D F A S C I N A T E D O L L Q D S C X
I I I A G L W C A G E Y A U M E T W L
S D L T O A A H U B G U S G E R R D Y
G I A H D R I G Y E Q D T Y U A A I N
U O B A L I T W M R R J I Z N L N S C
S T L N Y O I O A D D C C S A D G C M
T I E K E U N T T Z I A U Y I K E R E
E C S F P S G Y U N X L F J N B P E R
D C H U B B Y A R H G C K W Q P Z E E
F T B L V B L D E A U U O I U O Z T L
N P D R U N K H D L L J F I W L T V
L D I F F E R E N T L A C I S E X D C
H I D E O U S S E I I T Q R I R E R H
V H L X P L P I M N B I D S T F Q K Y
D T O J P P W V N G L N S T I U X Y I
T L D R Y U M E K T E G Q M V L J J W
W N M I N S I D I O U S O K E J B Y V

POWERFUL, THANKFUL, CAGEY, HIDEOUS, MERE,
DISGUSTED, FIRST, WAITING, FASCINATED, DRUNK,
ELASTIC, SAD, ADHESIVE, INSIDIOUS, DISCREET,
STRANGE, HILARIOUS, INQUISITIVE, CHUBBY, GODLY,
AVAILABLE, GULLIBLE, HIGHFALUTIN, DIFFERENT,
HALTING, DRY, CALCULATING, NEBULOUS, MATURE,
IDIOTIC

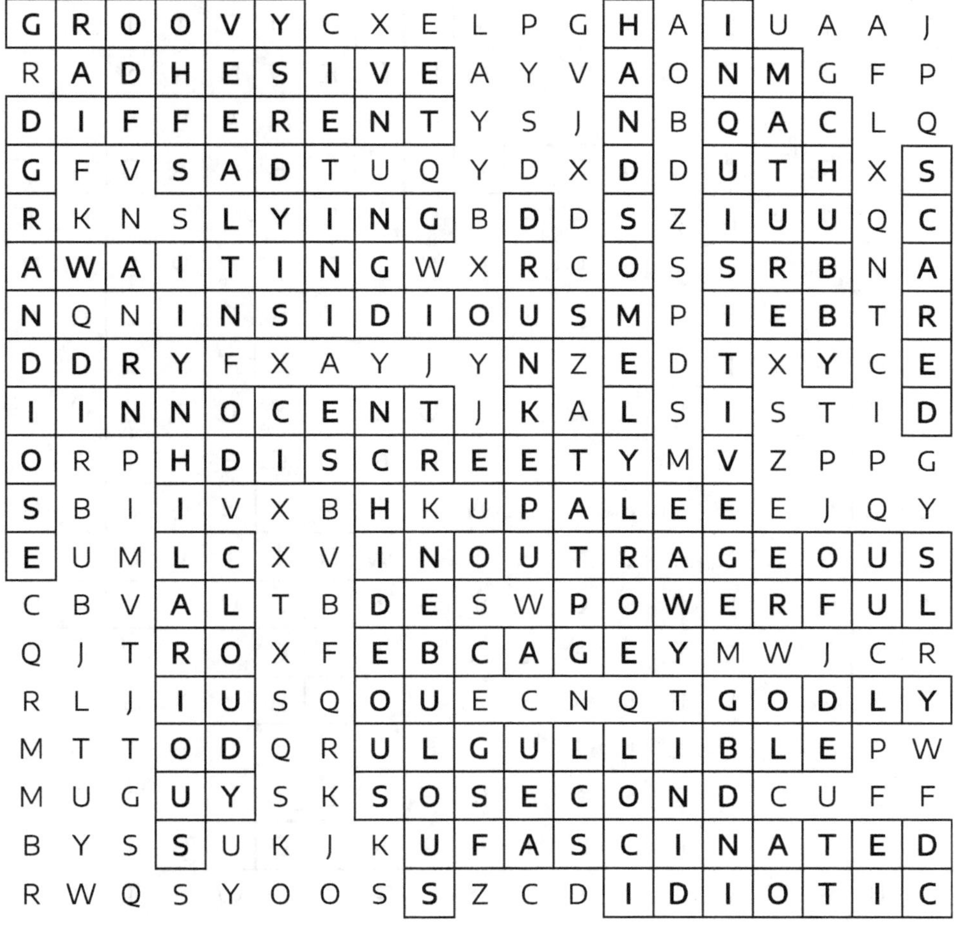

DISCREET, GODLY, INNOCENT, MATURE, PALE,
HANDSOMELY, CLOUDY, DIFFERENT, SAD, SECOND,
NEBULOUS, GRANDIOSE, DRY, POWERFUL,
OUTRAGEOUS, ADHESIVE, FASCINATED, CHUBBY,
SCARED, LYING, INSIDIOUS, HILARIOUS, INQUISITIVE,
DRUNK, GULLIBLE, HIDEOUS, IDIOTIC, CAGEY,
WAITING, GROOVY

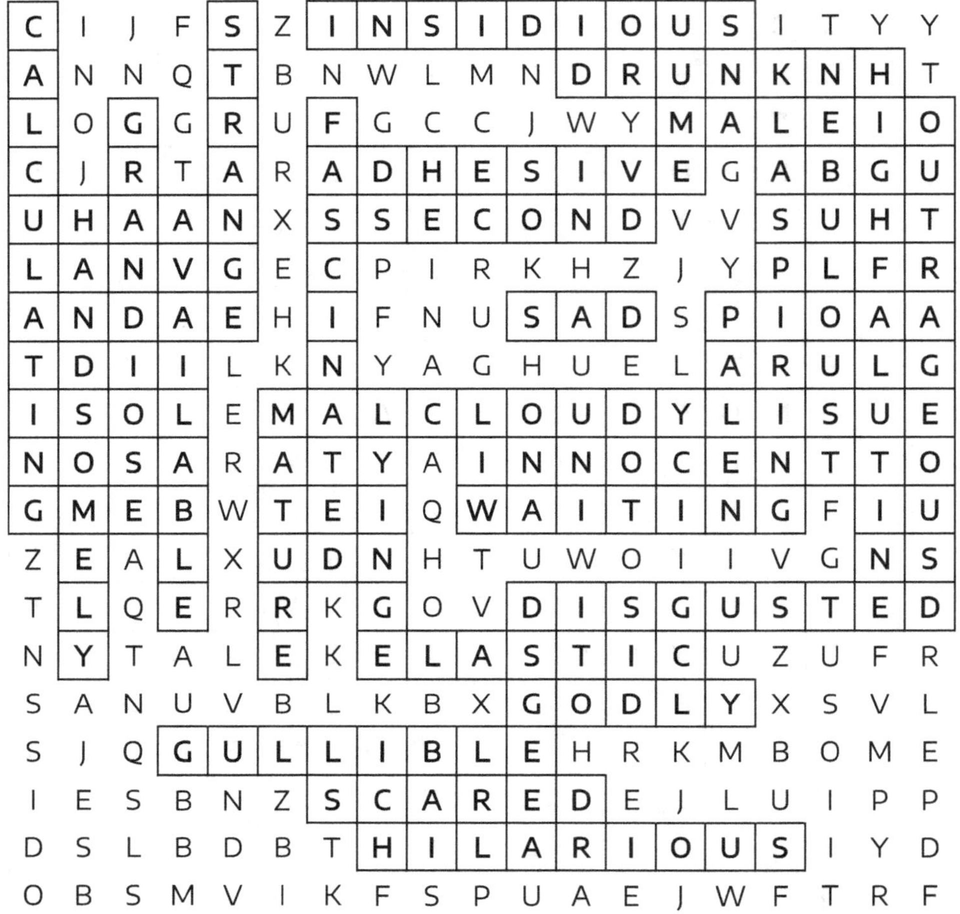

GODLY, ELASTIC, ADHESIVE, MATURE, HILARIOUS,
STRANGE, DISGUSTED, MALE, ASPIRING,
HIGHFALUTIN, HANDSOMELY, PALE, OUTRAGEOUS,
GRANDIOSE, LYING, SAD, WAITING, NEBULOUS,
AVAILABLE, GULLIBLE, SECOND, CALCULATING,
INSIDIOUS, INNOCENT, FASCINATED, CLOUDY, DRUNK,
SCARED

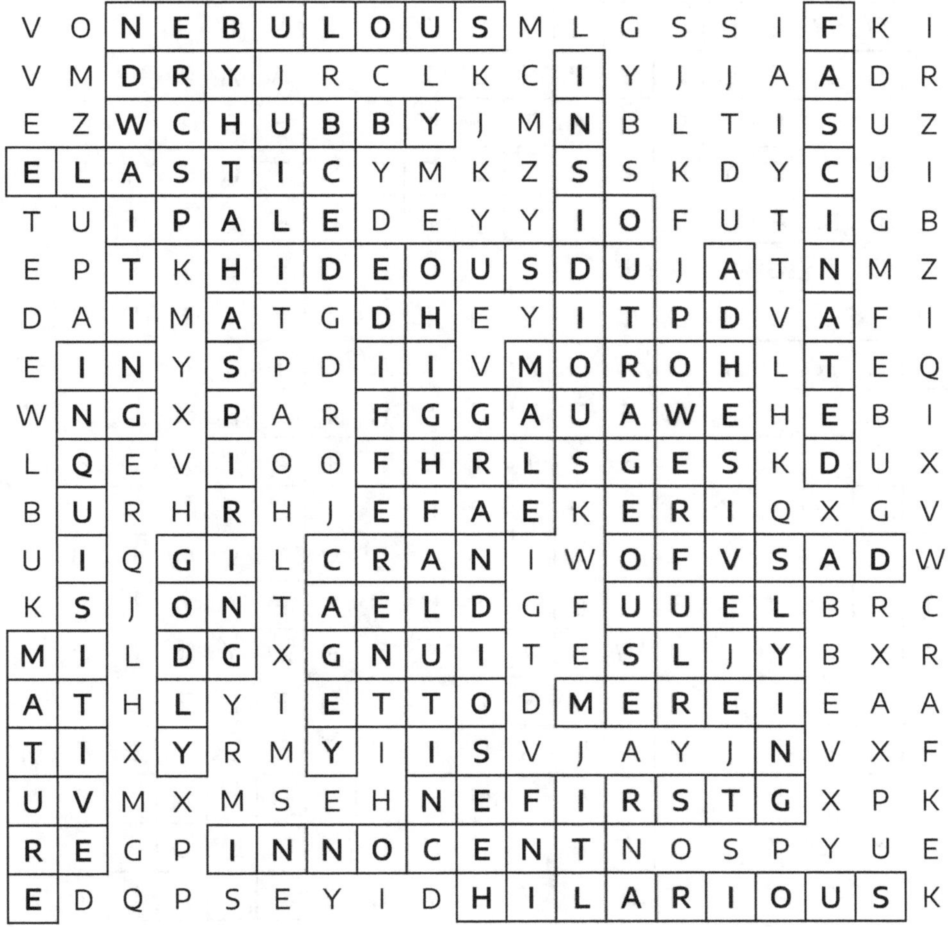

GRANDIOSE, FASCINATED, GODLY, SAD, DIFFERENT, ASPIRING, DRY, ELASTIC, ADHESIVE, LYING, NEBULOUS, INSIDIOUS, FIRST, INNOCENT, CAGEY, OUTRAGEOUS, INQUISITIVE, HIDEOUS, HILARIOUS, WAITING, MALE, HIGHFALUTIN, POWERFUL, MERE, CHUBBY, PALE, MATURE

P O W E R F U L C S W G C N L T Y D M
O N E B U L O U S Z T L S A A A A W C E
G C A L C U L A T I N G I H D L C Q D
T N U C Y T I N N O C E N T H E Q B R
L L M A T U R E H J O L Q A E V E A K
I O E G H A I H I T U H U V S A T C P
H A L E V D U A L N T I I A I D D N J
O L A Y J N K G A Q R G S I V W Z J W
I Y S C A R E D R F A H I L E Y D D Z
D I T Y Y V S R I I G F T A U I D R L
I N I J Z D A P O R E A I B Z P I U P
O G C D N J D A U S O L V L V W S N O
T H A N K F U L S T U U E E W A C K X
I A T A V U W E A H S T K W Y I R U Y
C H A N D S O M E L Y I U F L T E E J
H A L T I N G U G D Y N S N S I E D M
Q V R T F A S C I N A T E D X N T F A
A Y C M B D I F F E R E N T M G K B L
V C G A L A P B V E V L A M E R E T E

WAITING, HANDSOMELY, FASCINATED, OUTRAGEOUS,
POWERFUL, INNOCENT, DIFFERENT, IDIOTIC, MATURE,
FIRST, INQUISITIVE, ADHESIVE, THANKFUL, MALE,
MERE, CAGEY, CALCULATING, DRUNK, SCARED,
DISCREET, HILARIOUS, LYING, HIGHFALUTIN, SAD,
HALTING, AVAILABLE, ELASTIC, NEBULOUS, PALE

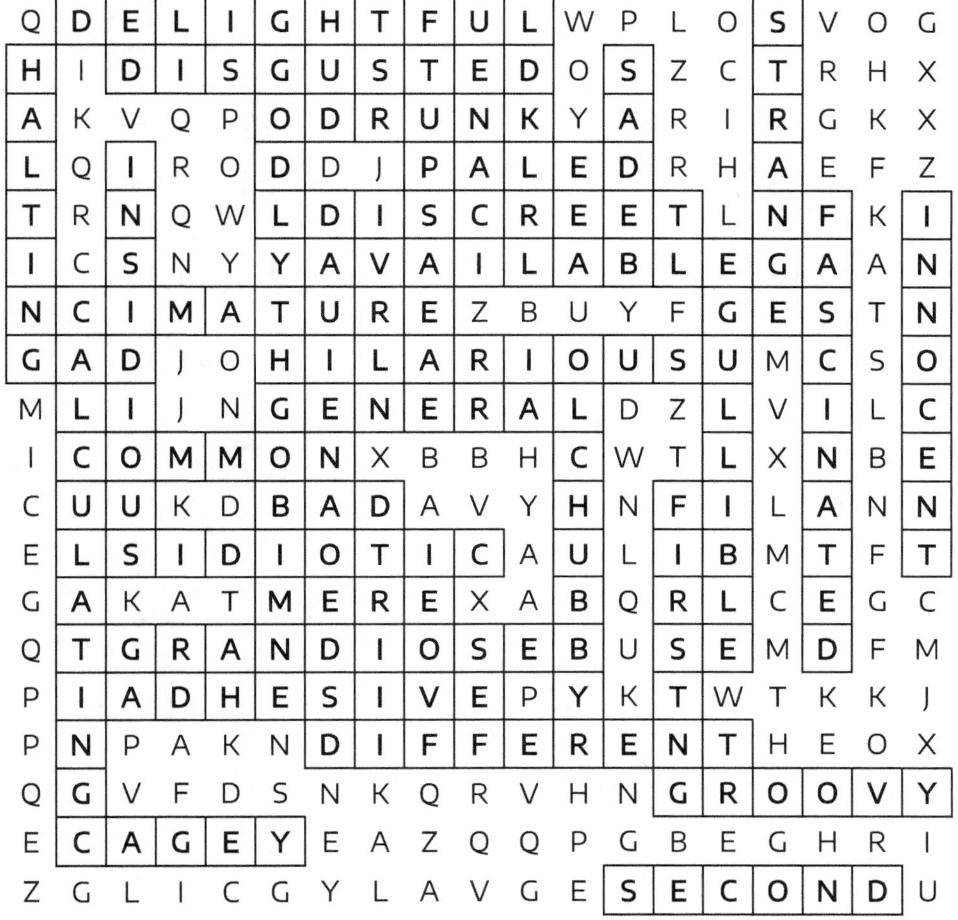

MERE, ADHESIVE, GROOVY, INSIDIOUS, HILARIOUS, SECOND, FIRST, PALE, DIFFERENT, MATURE, FASCINATED, GENERAL, DISCREET, IDIOTIC, HALTING, SAD, STRANGE, GODLY, DELIGHTFUL, DISGUSTED, AVAILABLE, CHUBBY, GRANDIOSE, CAGEY, BAD, GULLIBLE, INNOCENT, DRUNK, COMMON, CALCULATING